生活物品在体育教学中的运用

叶海辉◎主编

北京体育大学出版社

策划编辑：李志诚　仝杨杨
责任编辑：仝杨杨
责任校对：米　安
版式设计：禾风雅艺

图书在版编目（CIP）数据

生活物品在体育教学中的运用 / 叶海辉主编 .
北京：北京体育大学出版社 , 2024. 12. -- ISBN 978-7-
5644-4238-5

Ⅰ . G623.82
中国国家版本馆 CIP 数据核字第 2024Q5F031 号

生活物品在体育教学中的运用

SHENGHUO WUPIN ZAI TIYU JIAOXUE ZHONG DE YUNYONG

叶海辉　主编

出版发行：北京体育大学出版社
地　　址：北京市海淀区农大南路 1 号院 2 号楼 2 层办公 B-212
邮　　编：100084
网　　址：http://cbs.bsu.edu.cn
发 行 部：010-62989320
邮 购 部：北京体育大学出版社读者服务部 010-62989432
印　　刷：北京科信印刷有限公司
开　　本：710mm×1000mm　1/16
成品尺寸：170mm×240mm
印　　张：19.75
字　　数：310 千字
版　　次：2024 年 12 月第 1 版
印　　次：2024 年 12 月第 1 次印刷
定　　价：88.00 元

《生活物品在体育教学中的运用》
编委会

体育教育作为学校教育的重要组成部分，肩负着提高学生运动素质、增进青少年身心健康、培育全面发展的人才的历史重任。在我国新一轮深化课程改革来临之际，"体育课程物力资源的开发与利用"丛书让我作序，我不胜荣幸。这套丛书涵盖了常规体育器材、生活物品、校园环境资源、自制体育器材和新兴体育器材5个领域的实践和研究成果，范围广泛，内容丰富，图文并茂，集22年之实践汇编而成，形成了全面、系统的体育课程物力资源开发与利用体系，在国内属于开创性成果。

我简要介绍一下这套丛书，希望对大家有所帮助。

第一册：《常规体育器材的开发与运用》

该册主要介绍跳绳、小体操垫、大体操垫、海绵包、接力棒、体操棒等33种常规体育器材的开发与运用，在显性功能的基础上，通过转换视角、转变思维方式，挖掘体育器材的隐性功能，充分发挥常规体育器材的多功能性，让体育器材一材多用、一材多能，既能丰富课程资源，又能便捷地服务于体育教学。

第二册：《生活物品在体育教学中的运用》

该册主要以松紧带、毛巾、塑料桶、包装袋等37种常见的生活物品为开发对象，以常见、实用、实效为导向，选择日常生活物品，通过直接使用法、改造法、组合法等方法进行开发与运用，呈现的课例具有时代性和前瞻性，既可以让体育器材的品种得到增加，又可以让体育教学的课程资源更加丰富。

第三册：《校园环境资源在体育教学中的运用》

该册主要介绍校园环境资源的运用，在运用中要遵循合理统筹、科学规划、因地制宜、因校制宜的原则。该册对体育场地的标准与使用、校园体育文化、校园场地等 30 项内容进行阐述，并结合大量的实例进行说明，可以让学校体育工作效益最大化，使校园环境资源全方位服务于体育课堂教学、大课间活动、课外体育活动及课余训练等。

第四册：《自制体育器材》

该册主要介绍卷吊球、球式哑铃、爆发力训练器等 100 种自制体育器材，通过直接利用法、改进法、借鉴法和发明法等方法动手改造与制作体育器材，并根据功能和作用将其分为身体素质类、教学辅助类、器材收纳类、旱地冰雪类、软式器材类和综合器材类等六大类。有了多样化的自制体育器材，就会有多样化的玩法，就能让体育教学变得更加丰富有趣。

第五册：《新兴体育器材》

该册主要收集整理了适合在中小学推广使用的 135 种新兴体育器材，它们根据功能可以分为教学辅助类、运动项目类、体育游戏类、软式器材类、体能训练类、素质拓展类和电子设备类等七大类。为了满足时代发展对体育教学多样化的需求，该册引入新兴体育器材，并介绍新兴体育器材的使用方法，让读者方便快捷地了解新兴体育器材的基本信息，共同走进体育教学的新天地。

这套丛书主要有以下特点：

第一，实用性。这套丛书的实用性主要体现在内容实用和方法实用两个方面。内容实用是指器材、场地、设施等均为常见，方便好用；方法实用是指游戏方法和器物趣用之法多种多样，既可融入课堂教学实践，又可渗透课间课后学练。例如，小场地、边角场地开发成体育乐园和体能训练场，毛巾、塑料桶等妙用于跑跳投等教学，自制体育器材、新兴体育器材融入课堂教学和训练实践，废旧体育器材再次开发与利用，等等。

第二，创新性。这套丛书充满新意，无处不创新。首先，这套丛书的写成是一个创新，虽偶有报纸杂志发表此类文章，但成书者无一人；其次，内容选择是一个创新，简单的跳箱、毛巾、篮球场等可以用于各种体能练习、技能练习和游戏中；最后，一材多用也是一个创新，在这套丛书中，废弃的宣传横幅可以用于多种体能练习、技能练习和游戏中。

第三，启发性。统观书稿，精彩之处颇多，让我的思维跳跃，思绪也随之发散，让人有一种要赶紧将这些方法付诸课堂实践的冲动，更想融入其中、享受其乐。如果我们善于把这些常见的器材设施、生活物品、游戏方法等融入体育教学，肯定有助于提高体育教学质量。

体育课程物力资源的开发与利用是一个经久不衰的话题，伴随着时代的发展和课程改革的不断推进，它的内容和方法也不断丰富。只要我们心中有学生、眼里有资源，用心捕捉身边的点点滴滴，行而不辍，体育课程物力资源终将迎来一片新天地。

"体育课程物力资源的开发与利用"丛书集百人之力为广大体育教师做了一件很有意义的事情，我希望能有更多的实践者参与其中，共同寻求教育教学新路径，总结出更多更新的教学成果。最后，我相信这套丛书的出版定会给广大的一线体育教育工作者和体育教育专业学生有益的指导和启示。

华东师范大学体育与健康学院院长、博士生导师

教育部中小学体育与健康课程标准研制组和修订组组长

教育部全国高等学校体育教学指导委员会理论学科组组长

教育部首届全国高校健康教育教学指导委员会主任委员

教育部全国中小学体育教学指导委员会副主任委员

第六、第七届国务院学位委员会体育学科评议组成员

2024 年 10 月

不忘初心，一起向未来

随着课程改革的深入实施，广大教师意识到丰富多样的课程资源是课程实施的必要条件，没有课程资源的支持，再美好的课程改革设想也很难变成实际教育成果。课程物力资源是课程资源中不可或缺的一部分，体育课程物力资源是学校体育教学中的各种器材、场地、设施及校内外的自然环境等有形物体的总称。它是学校体育教学的硬件之一，是实施体育教学强有力的物质保证，决定着体育课程实施的范围和实际水平。我们应充分利用现有的体育课程物力资源，强化课程物力资源开发意识，提高对课程物力资源的认识水平，并深入挖掘与开发新的课程物力资源，不断满足学生的体育活动需求，让体育课堂教学焕发出更新更强的生命力，从而更好地促进课程目标的实现。

力学笃行，积跬致远。本研究开始于 2002 年浙江省台州市规划课题"农村中学体育器材开发和利用的实践研究"，之后不断拓展深化；2008 年，"中小学体育课程物力资源的开发与利用"成为浙江省教育科学规划体卫艺专项课题；2010 年，在台州市教育科学研究所和玉环县（今玉环市）教育科学研究所领导的大力关心和帮助下，课题下设"体育小器材的开发与利用""体育大器材的开发与利用""废弃体育器材的开发与利用""自制简易的体育器材""生活物品在体育教学中的运用""体育场地的开发与利用"等 6 个子课题；2012 年，本研究成果获浙江省第四届基础教育教学成果评比一等奖。可谓十年磨一剑，砺得成果丰。

课题有终时，教研无止境。在前期的研究中，体育场地器材课例的研发满足了体育课堂教学及课余训练的需要，我们看到了课题研究对体育教学的巨大推动作用，也感受到了此项课题还有十分广阔的研究前景。为此，我们在之前研究的基础上进行了深化和拓展，对常规体育器材、生活物品、校园环境资源、自制体育器材和新兴体育器材5个领域进行了全面深入的研究，其中许多成果得到了广大体育教师的认可。为了服务体育课堂教学，解决全国广大体育教师的从教困扰，使学生更喜爱体育活动，我们集众人之智，筹众人之力，精耕细作，将这些成果整理成书。期待这套丛书能成为广大体育教师及体育教育专业学生的参考书和工具书，成为体育教师教学的好帮手，成为学校体育教育发展的新基石。

为了直观清晰地展示体育课程物力资源的研究成果，我们将这套丛书分为《常规体育器材的开发与运用》《生活物品在体育教学中的运用》《校园环境资源在体育教学中的运用》《自制体育器材》《新兴体育器材》5册。

在这套丛书付梓之际，我思绪万千，激动的心情久久不能平静。从最初申报课题到最终定稿付梓，整整22年，凝聚着我太多的心血，它是我的"思维之果""实践之果"，更是我的"生命之果"。个人的力量是有限的，但团队的力量是无限的，正所谓"众人拾柴火焰高"，在此，我要衷心感谢编委会的各位老师，没有他们的辛勤付出、通力合作、大胆创新、积极探索，就没有这套丛书的最终付梓。为此，我将本册书的参编人员一一罗列，深表感谢，他们是：杨芬、李娜（浙江省玉环市陈屿中心小学），邹军权（浙江省余姚市姚江小学），陈婉娜（浙江省玉环市坎门第一初级中学），王明亮（浙江省温岭市新河镇中心小学），王安洁（浙江省玉环市龙溪初级中学），张迁（浙江省台州市黄岩区教育局教研室），胡丹（北京师范大学台州实验学校），叶青梅、吴耀卿（浙江省台州市天台县白鹤中学），夏蒙星（浙江省台州市天台县三合镇中心小学），汤能杰（浙江省余姚市泗门镇中心小学），吴金芳（浙江省临海市巾山教育集团），周凌君（浙江省台州市椒江区章安学校），王玲（浙江省台州市黄岩区沙埠镇中心小学），章奕（浙江省三门第二高级中学），杨林婷、李仁建（浙江省玉环市干江中心小学），王龙（浙江省玉环市芦浦中心小学），苏红（浙江省玉环市玉环中学），李华（浙江省玉环市玉环实验小学），张宁、王姜挺（浙江省玉环市玉城中学），俞剑斌（浙江省宁波市宁海县力洋镇前横学校），王亚达（浙江省宁波市鄞州职业教育中心学校），林有程（浙江省玉环市中等职业技术学校），周晨光（北京市海淀区羊坊店中心小学）。最后，我由衷感谢北京体育大学出版社领导和编辑们的大力支持，还有参与拍摄学生的辛勤付出。

金无足赤，人无完人。由于学术水平和研究能力的限制，丛书中难免会有纰漏和不足之处，敬请广大同行提出宝贵意见和建议，以便丛书修订时能够进一步完善，共同助力学校体育发展。

叶海辉

2024 年 10 月于玉环

目录 CONTENTS

一、松紧带在体育教学中的运用

松紧带（又叫弹力松紧带、橡皮筋、弹力线）是体育教学中常用的一种辅助器材，它是一种可以伸缩的弹性织带，用橡胶丝或橡胶条和纱织成，有圆形和扁形两种。圆形松紧带直径一般在 3～17mm；扁形松紧带款式非常多，宽度 3～100mm 均有，色彩多样。松紧带具有可拉伸、质软、可随意形变等特点，将松紧带引入体育课堂并与体育教学内容相结合，能使其更好地发挥服务功能，让体育课堂更具活力。

（一）在奔跑类教学中的运用

1. 图形跑

用松紧带在场地上摆出各种图形，学生进行蛇形跑、"8"字形跑等练习。

2. 作起跑限制线

在学习蹲踞式起跑时，为纠正上体抬起过早、过高的问题，教师可在起跑线前 2～4m 处，从低到高按一定距离拉若干根松紧带，让学生从松紧带下面跑过。

3. 阻力跑

取 10m 左右的宽松紧带作阻力带，在练习者腰部系上阻力带，阻力带的另一端由辅助者握住。训练时，辅助者随练习者一起跑，但要拉紧阻力带给练习者施加足够的阻力。（图1-1）

图 1-1

4. 携绳跑

两人或多人同时持一根松紧带进行后退、前进、变向等多种形式的合作跑练习，有利于培养学生的合作意识。

5. 作终点标志线

在练习终点跑时，为强调压线动作，教师可利用松紧带作为终点标志线，让学生体验终点压线动作。

6. 追逐跑

将一根长松紧带拉成圆形，学生绕圈进行追逐跑游戏。

7. 步频、步幅练习

将若干根松紧带相隔适当距离摆放，步频慢的学生选择间距小的一组进行练习来提高步频，步幅小的学生选择间距大的一组进行练习来提升步幅。

8. 摆臂练习

初学跑步，由于身体不协调，摆臂时容易出现左右摇摆、摆不到位等错误动作。辅助者可用两根松紧带平拉于练习者身体两侧，高度以在练习者的肘关节处为宜，练习者反复按标准动作练习。（图1-2）

9. 高抬腿基准绳

在高抬腿练习时，为了增加练习密度，身高相近的练习者站成一列横队，两位辅助者手拉一根长松紧带置于所有练习者前方一定高度，练习者进行高抬腿触松紧带练习；也可以一个人拿松紧带进行练习。（图1-3）

图1-2　　　　　　　　图1-3

（二）在跳跃类教学中的运用

1. 作跳高横杆

在跳高教学中，用松紧带来代替横杆，既能节省放杆的时间，又可让学生克服胆怯心理，增强学生练习的主动性和自信心。（图1-4）

2. 作限制线

在急行跳远教学中，为纠正起跳角度不

图1-4

当的问题，教师可在起跳板前 1.5 ～ 2m 处横拉一根离地面高约 40cm 的松紧带，要求学生在起跑后越过松紧带。

3. 辅助收腹练习

在蹲踞式跳远和立定跳远教学中，为了让学生更好地体验收腹团身的动作，教师可在起跳区前适宜位置横拉一根有一定高度（因人而定）的松紧带，让学生双脚起跳，屈膝收腹跳过松紧带。

4. 作栅栏

学生均分成两组，其中一组分成两排面对面蹲下，面对面的两人各握一根松紧带的一端，将松紧带横向拉直，每根松紧带间距 1 ～ 1.5m，松紧带离地高度适中；另一组学生双脚或单脚依次跳过每一根松紧带，练习若干次后两组互换。

（三）在投掷类教学中的运用

1. 纠正出手角度

在铅球教学中，为解决出手角度的问题，教师可在投掷圈前 1.5 ～ 2m 处横拉一根高 2 ～ 2.5m 的松紧带，要求学生将铅球从松紧带上方推过。可采用同样的方法进行标枪、铁饼等投掷类项目的出手角度练习。

2. 作投掷物

将松紧带绕成球状或折叠成棒形，作为轻物进行投远、投准、抛接等游戏。

3. 抗阻满弓练习

将宽松紧带（多根）一端固定，学生手拉住另一端，做投掷实心球、标枪、垒球的满弓练习，体会送髋、转肩、翻肘的动作要领。（图 1-5）

图 1-5

4. 辅助最后用力练习

在投掷类项目最后用力前的超越器械的专门练习中，可将松紧带一端固定，学生手拉住另一端进行练习。拉着松紧带做要比徒手做或持器械做更容易体会动

作要领和最后用力的顺序，可以形成较好的动力定型。（图 1-6）

5. 辅助实心球投掷练习

将宽松紧带两端打结，然后套在肋木等固定物上，学生两手紧握松紧带中间，两脚平行站立，面对肋木拉直松紧带，两脚用力蹬地，做向上、向后的"后抛"动作。

图 1-6

也可以背对肋木前后或左右站立，拉直松紧带做向上、向前的"前抛"动作。

（四）在体操类教学中的运用

1. 松紧带操

将松紧带四折，学生两手分别抓松紧带的两端，做扩胸、绕肩等准备活动。

2. 鱼跃前滚翻

做鱼跃前滚翻时，在前方横拉一根适宜高度的松紧带，学生从松紧带上方越过，解决鱼跃腾空高度不够的问题。

3. 肩肘倒立

可在垫子上方拉几根高度不同的松紧带，学生练习肩肘倒立时用脚尖去触碰松紧带，做出立腰、展髋的动作。

4. 技巧教学

在做侧手翻、前后滚翻、鱼跃前滚翻等动作时，把松紧带拉直作标志线，防止在做练习时出现轨迹不直的现象。

5. 侧手翻过皮筋

由两名学生拉直一根松紧带，设置不同高度，其他学生以侧手翻的动作翻过松紧带，逐级挑战，此练习能不断增强个人的自信心。

6. 作辅助杠

在双杠支撑摆动后摆挺身下教学中，很多学生害怕被绊倒而不敢越杠。如果在双杠一端的两边（考虑到有的学生下杠时的方向不一样）各系上一根松紧带，松紧带与杠面同高，松紧带另一端让人拉住或用物品固定，距离控制在2m以上，这样就成了双杠的一个辅助杠。练习时，学生先做杠端支撑摆动后摆越松紧带挺身下的练习，待空中感觉形成后再到杠中练习。（图1-7）

图1-7

建议：松紧带可以先斜拉，然后逐渐上升至水平，让学生由易到难进行练习。

7. 作弹簧床

在学双杠上的前滚翻时，有些学生害怕自己会从杠上跌落下来，从而产生恐惧心理。在双杠的两根杠上绕上若干圈宽松紧带（最好选用3～8cm宽的松紧带），松紧带之间的间隙越小越好，将两根杠连起来，像一张小的弹簧床。有了安全上的保障，学生就能大胆练习，对掌握技术也有一定的帮助。

8. 模拟跳箱

在横箱分腿腾越教学中，为克服学生的恐惧心理，教师可以先让学生做跳山羊的练习，在学生熟练掌握分腿腾越山羊后，在山羊近端两侧各斜拉一根松紧带让学生跳跃（图1-8），接着逐渐抬高松紧带，直至将松紧带抬至水平（与山羊面同高，也相当于山羊的延展面，图1-9）；待学生掌握后，再在山羊的远端上方横拉一根松紧带，形成一个类似的横跳箱，最后过渡到让学生在横箱上做完整的练习。

图1-8

图1-9

（五）在球类教学中的运用

1. 替代球网

在排球、羽毛球教学中，可以横拉一根松紧带当作简易球网使用。

2. 制作教练球

先将排球或足球放入网袋，然后用松紧带系紧袋口，即制作成一个简易的教练球。可用作排球的吊球、扣球和拦网技术练习，足球的头球、颠球和脚法练习，等等。

图 1-10

3. 作球门分格线

在足球门上用松紧带拉成"十""卅""井"字形，并在门框上缠绕固定，将足球门均分成四格、六格、九格，学生进行射门角度、方向和准度的练习。（图 1-10）

4. 作目标传球区

选用色彩醒目的松紧带摆放在场地上，组成一个目标传球区。练习时，学生在距目标传球区一定距离处进行各种脚法的传球练习，力争将球传到目标传球区。

5. 作垫球线

在排球场的两个半场上将松紧带拉成与球网平行的线，即成为垫球线。每个半场可拉 1 ~ 2 根，高度在 1.1 ~ 1.4m。练习时，学生从端线开始自抛自垫，依次垫过第一半场的垫球线、中间的球网和第二半场的垫球线；也可以用作排球自抛自垫的基准线。（图 1-11）

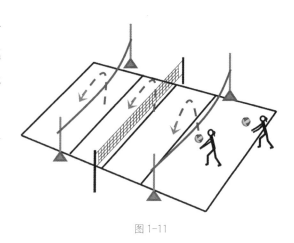

图 1-11

6. 作垫球辅助带

取宽 2 ~ 5cm、长约 1m 的松紧带，将其两端分别向内折约 8cm，然后用针线缝合形成一个圆圈。学生将两手腕和一只脚分别套入两端圆圈，利用松紧带的伸缩性，

图 1-12

纠正垫球时两手掌根分开、抬臂过高、下肢没有蹬地等动作问题。（图 1-12）

（六）在武术教学中的运用

1. 快速出拳（腿）

将细松紧带悬挂在不同高度，学生做各种冲拳、踢腿动作，努力用拳风推动松紧带或用腿踢到松紧带，提高出拳的速度和踢腿的质量。

2. 抗阻出拳（腿）

将两根合适长度的松紧带的一端固定，学生双手各抓握一根松紧带并握拳，背对固定物向前走，将松紧带拉直后进行各种抗阻出拳练习；也可将两根松紧带的一端固定，另一端系在学生脚上，进行抗阻踢腿练习。

（七）在体能练习中的运用

1. 俯卧收腿

练习者俯卧于垫子上，双脚伸直，将宽松紧带一端系于踝关节处，另一端固定在肋木等固定物上或由辅助者拉着，做快速后踢收小腿的动作，使脚跟尽可能踢到臀部。可单腿交替进行，也可并拢双腿连续做，发展大腿后侧肌群的力量。

2. 快速高抬腿

将多根松紧带一端固定于肋木等固定物上或由辅助者拉着，另一端固定于练

习者的腰部，练习者上体前倾，往前拉紧松紧带做原地快速高抬腿的练习，可以增强腿部力量和提高步频。

3. 阻力抬大腿

将多根松紧带一端系在练习者的大腿上，另一端固定于辅助者脚上或其他固定物上。练习者双手扶在肋木或其他支撑物上成斜支撑状态，支撑腿弯曲，摆动腿做快速向上收大腿动作，单腿连续做，然后换另一边练习，可以提高大腿力量和摆动腿的前摆能力。

4. 牵引跑

学生两人一组前后站立，两人以百米成绩相差 1 ~ 2s 为宜，取 15m 左右的宽松紧带将其一端系于牵引者（速度快者）的腰部，另一端系于被牵引者（速度慢者）的腰部，被牵引者后退将松紧带拉直，然后两人同时起跑，让被牵引者感受被拉的感觉。练习中注意安全，避免踩到松紧带而摔倒。

5. 跳跃练习

将松紧带牵拉成适当高度，组成条形、方形、三角形、多边形、五角星形、梅花形等图案，学生单脚或者双脚连续跳过松紧带。

（八）在体育游戏中的运用

1. 跳皮筋

两名学生拉着约 3m 长的松紧带两端，拉直固定，其他学生可在松紧带的中间进行单人或多人跳，也可以玩简单的"升级"，还可以带队闯关，挑战高难度，赢得团队胜利。

2. 大渔网

学生 8 ~ 16 人一组，挑选两人为捕鱼人，其余人为鱼，取一根长为 2m 的松紧带，两位捕鱼人各握一端作为渔网，捕鱼人在规定的场地内用渔网合作完成捕鱼任务，鱼被捕后须退出场外等候。在规定时间内把鱼捕完，则捕鱼人胜利，反之鱼胜利。

3. 看谁先移动

将一根宽松紧带对折成 1.5m 长，学生两人一组面对面站立，将松紧带以"S"形放在两人的腰间，两人用右手各持松紧带的一端，通过伸缩、拉动松紧带等巧用力方法使对方移动。（图 1-13）

图 1-13

4. 快快跳起

学生围站在圆圈上，选一人手持一根宽松紧带的一端（另一端打结成团），在圆心处蹲下来甩动松紧带进行画圈，在松紧带靠近时，圆圈上的人要快速跳起，以免被松紧带碰到。

5. 舞龙

学生 5 ~ 10 人一组，间隔一定距离，举手握住松紧带组成一条龙，做各种舞龙动作。

6. 过低桥

用松紧带拉出几个不同高度的区域，学生自选高度，依次身体后仰，要求身体不能触到松紧带，从松紧带下走过。

7. 绑腿带

取一根宽 5cm、长 45cm 的宽松紧带，两端向内折各缝成 10cm 长的双层松紧带，中间为空，用于放腿，这样就做成一条绑腿带。可用于两人三足、三人四足……N 人 $N+1$ 足的比赛。

8. 穿越红外线

利用椅子、跳高架等固定物将多根松紧带横拉或斜拉设置成高低不一、纵横交错的红外线网，学生在身体不触碰松紧带的情况下，用钻、爬、跨等动作顺利地通过红外线网。

9. 拔河取物

在场地上放置两个相隔一定距离的标志筒，两名学生背对背站在标志筒中间，将多股宽松紧带套在腰部。发令后，两人用力去拿自己前面的标志筒，以先

拿到者为胜。（图 1-14）

图 1-14

10. 疯狂巴士

学生 8 ~ 15 人一组，指定两名学生作巴士（两人相距约 3m 面对面站立，两手拉起两根长约 3m 的松紧带，组成一辆巴士），其余学生作乘客站于巴士内（图 1-15）。听到开始信号后，作巴士的两名学生迅速下蹲将两根松紧带降低，巴士内乘客及时从松紧带上方跳（跨）出巴士（图 1-16），随即松紧带上抬，乘客再从松紧带下方钻进巴士，如此一出一进反复进行，看哪组在规定时间内完成次数最多。

图 1-15

11. 抓尾巴

学生两人一组，分别将一根长约 50cm 的松紧带夹在自己后腰上作尾巴，两人玩"抓尾巴"的游戏。学生通过加速、变向、假动作等躲避对方的进攻或抓住对方的尾巴，抓到后归还并继续游戏，最后看谁在规定时间内抓的尾巴多。（图 1-17）

图 1-16

12. 鲤鱼跳龙门

学生均分成若干组，每组学生依次编

图 1-17

号并成纵队站在起点线后，在起点线前 10 ~ 20m 处放置标志筒，1 号学生手持 1 根短松紧带准备。发令后，各组 1 号学生迅速向前跑出，绕过本组标志筒后返回，将松紧带一端交给 2 号学生（自己握住松紧带另一端），两人合作将松紧带拉至踝关节高度向队尾跑去，其他队员依次跳过松紧带，然后 1 号学生站到队尾，2 号学生持松紧带向前跑出，绕过标志筒后返回与 3 号学生合作，拉松紧带向队尾跑去，使松紧带从队伍脚底下通过。依次进行，直到最后一名学生与 1 号学生合作完成任务，1 号学生回到原来位置为止，看哪组用时最少。（图 1-18）

图 1-18

（九）拓展运用

1. 皮筋球

将多根松紧带揉成团，装在塑料袋或网状袋中当作一个球，大家踢着玩。

2. 流星球

将细松紧带与报废的球类或沙包结合制成流星球，用来锻炼学生的投掷能力。

3. 作弹弓

将松紧带和树杈结合制成弹弓，进行相关的游戏。

4. 竹竿舞

利用 3 ~ 5cm 的宽松紧带代替竹竿，学习少数民族的竹竿舞，既安全又方便。（图 1-19）

5. 作标志线

体育课堂教学中经常要画线，松紧带可弯曲，又易调整，可替代起跑线、起跳线、

图 1-19

终点线等使用，还可以在画投掷场地的投掷区时，直接将颜色醒目的松紧带拉直固定在（成一定角度）投掷区外沿上，这样既方便又省时。

6. 作栏板

在初学跨栏跑时，可以先将跨栏架上的栏板取下，用 5 ~ 10cm 宽的白色松紧带固定在支架上代替栏板，既降低了危险，又减少了学生的恐惧心理。

建议：为了与原栏板保持相似，可以在松紧带上喷上黑色油漆或贴上黑纸来代替原栏板上的黑色部分。（图 1-20）

图 1-20

7. 作接力棒

将较宽的松紧带几次对折成束状，外面用橡皮圈扎紧，替代接力棒进行交接棒练习。

8. 作拉力器

将若干根松紧带合并作拉力器，学生双手抓住其两端，做双臂拉力器侧平举、双臂拉力器弯举；或脚踩拉力器一端，另一端手拉，进行握力、腕力、扩胸等抗阻力量练习。

二、毛巾在体育教学中的运用

毛巾是日常生活中的一种必备物品，具有易捆绑、易变形、色彩多等特点。毛巾在体育教学中的运用，不仅可以解决学校器材不足的问题，还能活跃课堂气氛，使体育课堂教学活动更有创新性和实用性。

（一）在奔跑类教学中的运用

1. 贴腹前跑

学生将毛巾贴在腹前，然后快速跑出，要求在跑动过程中毛巾不能落地。（图 2-1）

2. 作起跑线

将毛巾折叠成条状，多条毛巾连接平铺在场地上作起跑线。（图 2-2）

图 2-1　　　　　图 2-2

3. 作接力棒

将毛巾沿宽边卷成长筒状，再用若干条橡皮筋扎牢，就成了一支软式接力棒（图 2-3），可用于各种接力比赛。

4. 辅助障碍跑

将毛巾摆成各种障碍，学生通过绕、跨、跳等方式进行障碍跑，使障碍跑更有趣。

图 2-3

5. 辅助步频、步幅练习

将毛巾叠成细条或直接平铺在跑道上，按一定距离摆放，学生用正确的步频、步幅来进行跑的练习。

6. 作绳梯

将若干条毛巾横向间隔适宜距离摆放作绳梯，学生进行各种跑绳梯练习。

（二）在跳跃类教学中的运用

1. 立定跳远

（1）作起跳线。

将一条毛巾折叠作起跳线，学生站在毛巾后练习立定跳远。（图2-4）

（2）辅助小腿前伸。

将一条毛巾横放或竖放在落地区适当位置上，毛巾要平铺，学生两脚跳过毛巾，练习落地时小腿前伸的动作。（图2-5）

图2-4　　　　　　　　　　　　　　　图2-5

（3）辅助起跳角度。

将多条毛巾堆叠成一定高度，置于起跳线前一定距离，学生在练习时跳过毛巾，以解决起跳角度不到位的问题。（图2-6）

2. 原地纵跳

将毛巾一端打结挂在高单杠上，学生原地跳起，用头触碰毛巾，悬挂高度可根据学生的实际情况进行调整。

图2-6

3. 跳毛巾

将毛巾沿长边对折，学生在毛巾两边做双脚或单脚的左右跳、前后跳、旋转跳等跳跃练习；也可将两条毛巾摆成"×"形，用"前、后、左、右"的十字跳跃进行练习。（图2-7）

图2-7

（三）在投掷类教学中的运用

1. 作投掷物

把毛巾一端打结成流星球状或团状代替轻质投掷物，学生进行掷远、掷准、掷高或互抛互接等练习。（图2-8）

2. 鞭打练习

学生抓住毛巾一端，模仿骑马的鞭打动作，体会在投掷时的鞭打要领。（图2-9）

图2-8　　　　　　　图2-9

3. 挥臂练习

在投掷沙包教学中，学生两人一组前后站立，一人在后拉毛巾一端，另一人在前拉毛巾另一端做屈肘挥臂练习，体会肩上屈肘、快速挥臂动作。

4. 背弓拉毛巾

在实心球教学中，学生两人一组前后站立，一人在前身体后仰，双手拉毛巾一端，另一人在后双手拉毛巾另一端，两人相互合作，体会"满弓"动作。

（四）在体操类教学中的运用

1. 辅助团身练习

在前、后滚翻教学中，学生将毛巾夹在脖子或腹部，以解决在滚翻过程中低头不及时、团身不够紧的问题；也可以将毛巾夹在两腿之间，以解决在滚翻过程中分腿的问题。

2. 作限制物

在鱼跃前滚翻教学中，将毛巾折叠成一定高度，置于起跳线前一定距离，学生在练习中要越过毛巾，以解决腾空高度不够的问题。

3. 作标志带

在侧手翻教学中，把毛巾纵向放在地上，学生在练习过程中沿着毛巾进行侧手翻，要求手脚落在同一直线上。

4. 作目标物

在肩肘倒立教学中，学生两人一组，一人练习肩肘倒立，另一人将毛巾置于练习者脚尖上方一定距离，要求练习者身体积极上顶，用脚尖触碰毛巾，做到展髋、立腰、绷脚尖动作。

5. 作保护带

在单、双杠教学中，为避免部分学生在做翻上、摆动、支撑等动作时，产生磨手、磨腿、掉杠等现象，教师可以将毛巾均匀地缠绕在单、双杠上，减轻学生的恐惧心理，增加其练习的积极性。

（五）在球类教学中的运用

1. 篮球教学

（1）作标志点。

将毛巾平铺在相应位置上作标志点，学生进行三步上篮、行进间投篮、运球急停急起、后转身变向运球等动作的练习。

（2）辅助摸高练习。

在摸高练习中，在篮板上粘若干条高度、颜色不同的毛巾，比一比谁摸到的毛巾高度最高，以增加练习的趣味性。

（3）盲人运球。

学生用长毛巾蒙住眼睛，进行原地运球或体前换手运球，看谁运球多；在确保安全的情况下，可以尝试行进间运球。

（4）互抛互接。

学生两人一组，两人各持一球，相距一定距离面对面原地运球，另一手将一条中间打结的毛巾互抛互接，在毛巾不掉落的情况下，看哪组先完成规定的抛接次数。

2. 排球教学

学生手持毛巾一端，进行排球扣球的手臂鞭打练习，充分体会鞭打动作。

3. 足球教学

把若干条毛巾打成结，按一定间距摆放，学生进行足球运球绕毛巾练习。

4. 网球教学

（1）头顶毛巾。

在挥拍击球时，尽量保持头部不动，提高击球稳定性。学生可以将毛巾折叠放在头上做击球练习，练习时避免毛巾掉下来。（图2-10）

（2）背弓拉毛巾。

在网球发球练习时，为了更好地体验屈膝背弓蓄力动作，学生两人一组，练习者右手抓住毛巾一端，辅助者在其身后脚踩毛巾另一端，练习者在屈膝、背弓动作的基础上自下而上依次蹬直踝部、膝部，反弹背弓发力将毛巾拉直。（图2-11）

（3）模拟发球。

将毛巾一端打一个结，学生抓住毛巾另一端，进行甩毛巾模拟发球动作练习。（图2-12）

图2-10　　　　　　　　图2-11

（4）正手拉毛巾。

学生两人一组，辅助者在练习者身后握住毛巾一端，练习者拉住毛巾另一端，手腕滞后，充分拉伸前臂肌肉，然后手腕内侧朝前引导向前加速拉动毛巾。（图2-13）

图2-12　　　　　　图2-13

（六）在体育游戏中的运用

1. 踩地雷

学生将毛巾一端绑在脚踝处，另一端自然下垂至地面。游戏开始后，在规定区域内学生去踩其他人的毛巾，在规定时间内被踩者要完成若干个体能练习后再继续游戏。

2. 抓尾巴

学生将毛巾一端塞在腰后，另一端露在外面作尾巴。游戏开始后，在规定区域内学生在保护好自己尾巴的同时，去抓其他人的尾巴，被抓到者即淘汰，比一比谁的尾巴留到最后。

3. 系毛巾

学生均分成若干组，每组成纵队站在起点线后，每组指定一人站在一定距离处作立柱（两脚开立，两臂侧平举），每人一条毛巾（作立柱者除外）。发令后，各组第一人快速跑向立柱，将手中毛巾系在立柱的四肢上（必须打一个单结），返回与第二人击掌，第二人以同样方法进行，以此类推，最先系完毛巾的组获胜。接着，用同样方法依次取回毛巾，看哪组最先取完。

4. 赶"猪"

学生两人一组，两人分别握住毛巾一端，用毛巾将起点地面上的"猪"（排球、足球或篮球）赶到指定位置，看哪组最先完成。要求：只能用毛巾赶"猪"，身体不得触及"猪"，否则回到起点重新开始，也可进行团队接力比赛。

5. 同心同德

学生 4 ～ 10 人一组，间隔约 1.5 m 围成圆圈站立，每人一条毛巾（最好毛巾中间打一个结）。发令后，学生同时将毛巾向上抛出，然后每人沿逆（顺）时针方向移动一个位置，接住右（左）边同伴抛起的毛巾，全部毛巾在落地前被接住为成功，若有一条毛巾落地即失败，看哪组先完成规定的成功次数。

6. 抛接击掌

学生每人一条毛巾（最好中间打一个结），然后做上抛前击掌、背后击掌、胯下击掌比多练习，或上抛后摸地、转身等练习。

7. 跳跃接力

学生均分成若干组，每组学生两两相对成蹲姿，两人各抓毛巾一端，将毛巾拉成直线，相距一定距离蹲立。发令后，每组最后两人由后向前依次跳过每一条毛巾，到达队伍前面立刻成蹲姿，手拉毛巾，同时提示下一组同学继续，以此类推，看哪组最快完成一轮。

8. 轻物击打

将毛巾扎成球形，代替保龄球，在一定距离处竖立若干个矿泉水瓶，击倒矿泉水瓶多者胜；也可以直接用"球形"毛巾击打一定距离外的目标物，比一比谁击中次数更多。

9. 流星球

在规定区域内，若干名学生为一组，一人手拿毛巾，并把毛巾打成结，作流星球去击打其余的人，其余的人可用各种方法躲闪，在规定时间内，看谁被击中的次数最少。

10. 抛球

学生两人一组，两人用手抓着一条毛巾的四角，在展开的毛巾中间放一个垒球（沙包、纸球等物品），然后两人合力用毛巾将垒球上抛约 1m 高，在垒球下落后用毛巾接住，反复抛接，在垒球不掉落情况下，看哪组连续抛接次数最多。

11. 两人三足

学生两人一组并排站立，用毛巾绑住两人的内侧脚，然后一起向前走或跑，看哪组先到达指定位置。

12. 舞龙

把若干条毛巾相连拼接成一条龙，若干名学生两手握毛巾，并举过头顶，跟着第一名学生做各种舞龙动作。

13. 开火车

学生分成人数相等的若干组，每组成纵队站立，除排头外每人一条毛巾，后面学生用毛巾围住前面学生的腰，抓住毛巾的两端，形成一辆火车，全组一起向前走、跑或跳，看哪组火车开得快。

14. 竹竿舞

将若干条毛巾连接成两条长竹竿，学生在音乐伴奏下进行跳跃、转体等竹竿舞动作练习。

15. 投篮比赛

学生分成人数相等的若干组，每组两名学生拉住毛巾的四角当作篮筐，站在离起点线一定距离的位置，其余学生站在起点线后，将毛巾扎成球形，从排头开始依次投篮，比一比哪组学生接住的球多。

16. 传接球赛

学生分成人数相等的若干组，每组成纵队站立，每组一条毛巾，并将毛巾扎成球形，把球依次通过头上、胯下、左右转体等形式传递给后面学生，看哪组先完成。

17. 毛巾山洞

学生两人一组，面对面手持毛巾四角搭成山洞，其余学生依次钻过山洞，山洞的高度可调节。

18. 毛巾运输车

学生两人一组，手拉毛巾四角，当作运输车，两人合作将物品放置在毛巾上运至终点，先完成的组获胜。

19. 丢毛巾

若干名学生蹲立成一圈，一人手持毛巾绕外圈跑，趁人不注意时将毛巾丢在其中一人身后，然后继续跑。被丢毛巾的人要迅速拿起毛巾去追，若追到了丢毛

巾的人,则丢毛巾的人表演节目,若追不到,则被丢毛巾的人表演节目,表演完节目的人继续做丢毛巾的人。（图2-14）

图 2-14

20. 追毛巾

若干名学生围成一圈,另选两名学生,一人追、一人逃,逃者手中拿一毛巾。游戏开始后,逃者可在圈内穿插躲避,也可将毛巾交给圈中的任何一人,接到毛巾者成为新的逃者,逃者如被追到,则两人互换角色。

21. 解铃系铃

学生4人一组,其中两人当桩,相距一定距离站立;另外两人人手一条毛巾分别站在桩的边上作系铃人。游戏开始后,系铃人先将毛巾系在边上同学（桩）的手臂上,系好后迅速沿逆时针方向跑至对面,解下对方系好的毛巾,接着跑到对面自己原来的位置重新系好毛巾,如此一系一解反复进行,直到一方追到对方为胜。

22. 虎口脱险

学生两人一组,站在起点线后,一人的双手用毛巾绑住。游戏开始后,两人迅速从起点（虎口）开始跑至对面的小垫（隐蔽处）,两人合作把毛巾解开,再跑到指定区域,用时少的组获胜。

建议:为了公平公正,毛巾统一由教师或组长打结,松紧度要适宜。

23. 瞎猫捉老鼠

若干名学生为一组,其中一名学生的眼睛用毛巾蒙住,当作猫,其他学生（老鼠）在指定区域内跑动。游戏开始后,猫出动去寻找老鼠,被触碰到的老鼠与猫互换角色。

24. 击鼓传花

若干名学生围成一圈,将毛巾扎成花,在音乐响起时,学生依次将花传给下一名学生,当音乐停时花在哪名学生手上,哪名学生就要表演节目或完成若干个体能练习。

25. 盲人取物

将若干个标志筒或体操垫按照等距离依次排开作障碍；学生两两搭配，其中一人用毛巾蒙住眼睛扮盲人，另一人扮导航者，盲人背起导航者准备。发令后，盲人在导航者的指挥下，绕过所有障碍后直线返回起点，看哪组最先完成。

26. 夹毛巾跳跃

学生将毛巾夹在两腿之间，并脚跳跃前进，看谁先到达终点。也可以组织接力比赛。

27. 钻跳接力

甲、乙、丙三人一组，甲、乙两人面对面蹲立横拉一条毛巾。发令后，丙先从毛巾下钻过去，然后再从毛巾上跳回来，如此一钻一跳为一次，在完成规定的次数后，丙与拉毛巾的其中一人交换角色，同样完成规定钻跳次数，直到三人均完成为止，看哪组最先完成。

28. 快速铺桥

学生均分成若干组，每组成纵队站在起点线后，人手一条毛巾。发令后，各组第一人向前跑到终点线，将毛巾沿纵向或横向平铺在终点线前，返回与第二人击掌，第二人跑出以同样方法将毛巾接在第一条毛巾的前面，以此类推，直到最后一人完成返回起点线，看哪组最先完成铺桥任务。

29. 挂晒毛巾

学生均分成若干组，每组成纵队站在排球场的端线后，人手一条毛巾。发令后，各组第一人向前跑到中间的球网处，将毛巾甩挂在球网上端后，返回与第二人击掌，第二人以同样方法进行，以此类推，直到最后一人完成返回起点，看哪组最先完成。（图2-15）

建议：①挂完全部毛巾后，可以接着进行取回毛巾比赛；②要求挂在球网上沿

图2-15

的毛巾必须平整展开，不能揉成一团。

30. 蜘蛛行

学生手脚仰撑在地上，将一条毛巾打结或直接放在腹部，然后手脚交替向前、后、左、右爬行，在毛巾不掉落的情况下，看谁爬得快。

31. 拧湿毛巾

学生单独一人或两人合作将一条湿毛巾拧干，看谁将毛巾拧得又干又快。

建议：①在起点和终点各放置一个塑料盆，起点盆装满水，终点盆为空盆。发令后，学生先在起点将毛巾打湿后跑到终点，将湿毛巾的水拧至终点盆中，如此反复进行，在规定时间内看谁运的水多；②可以小组接力形式进行，最后将终点盆中的水倒入量筒进行测量，按水量统计排名。

32. 夹毛巾抛远

将毛巾打结成球状，学生用两脚夹住毛巾球，用力跳起，将毛巾球向前抛出，抛出距离最远者获胜；也可以用两脚夹住毛巾球，然后向上跳起抬腿将毛巾球上抛，用手接住为一次，看谁先完成规定的次数。

图 2-16

33. 俯撑行走

将一条毛巾横放（可对折或多次对折或全面打开）在地面上，学生两手俯撑在毛巾后面。发令后，学生左右手依次移到毛巾前面，然后再移回原位，如此前后交替反复进行，看谁先完成规定的次数或在规定时间内看谁移动次数多。（图 2-16）

建议：①毛巾可由横放改为竖放（图 2-17）；②可通过调整毛巾的宽度来调整练习的难度，毛巾越宽难度越大，反之难度越小；③对于一些力量较大的学生，可尝试两手同时推地移动到毛巾另一侧，

图 2-17

如此反复进行。

34. 俯撑跳跃

将一条毛巾打开平铺在地面上，学生站在纵向（横向）毛巾的一侧，两手撑干毛巾正前方适宜处，抬高臀部。发令后，学生两手固定不动，两脚同时在毛巾两侧来回跳动，脚不触及毛巾，看谁先完成规定的次数或在规定时间内看谁做的次数多。（图 2-18）

建议：①可通过调整毛巾的宽度来调整练习的难度，毛巾越宽难度越大，反之难度越小；②可将两条毛巾纵向并排放置（图 2-19），通过调整毛巾的间距来调整练习的难度。

图 2-18

35. 躲避球

在场地画一个适当大小的圆圈，将毛巾打结成球状，学生均分成两组，分为进攻方和防守方。进攻方站在圈外用毛巾球进攻（击打圈内防守方人员的躯干部分），防守方在圈内进行躲避，被球击中者离开圆圈。在 2 ~ 5min 后，双方交换角色，最后看哪组被击中人数少。

建议：游戏场地由圆形可以调整为正方形、长方形、椭圆形等。

图 2-19

（七）拓展运用

1. 拔河绳的中点标志

可以用毛巾系在拔河绳中间作为胜负的标志，比赛时，以将毛巾拉过河界的一方为胜。

2. 连接手

在高年级体育教学或游戏中，男女生互拉毛巾进行连接，来代替直接拉手，巧妙地避免了尴尬局面。

3. 拼接图案

用毛巾拼成各种图形、文字等。

4. 毛巾操

用毛巾进行各种健身操、准备操、放松操练习。

5. 拔河

将多条毛巾叠放拧成螺旋状或直接合并，两人面对面各抓毛巾一端进行拔河。（图 2-20）

6. 模拟跳绳

将毛巾一端打结，学生手握毛巾另一端进行无绳跳绳练习。（图 2-21）

图 2-20   图 2-21

7. 急救绷带

在没有绷带急救伤员的情况下，可用毛巾、手帕等代替绷带进行包扎。

8. 扭秧歌

用毛巾代替扭秧歌的绸带。

9. 三子连线

在地面上画一个九宫格或用橡皮圈摆成九宫格形状，比赛双方各执 3 条不同颜色毛巾作棋子，双方离九宫格一定距离面对面站立。发令后，双方队员采用接力方式依次将毛巾摆在空格上，3 条毛巾摆完后用移动的方式，直到一方的 3 条

毛巾在任意方向能够连成一条线，最先连成一条直线的一方为胜。（图2-22）

10. 滑板

在木地板或光滑地砖上，学生将两条毛巾分别放在两脚下进行前后左右的滑行，要求两脚不离地（毛巾），看谁滑行快。（图2-23）

11. 擦地板

学生俯身在木地板或光滑地砖上，两手撑在一条对折的毛巾上，然后两脚交替跑动推着毛巾向前滑行，要求两手不离地（毛巾），看谁滑行快。（图2-24）

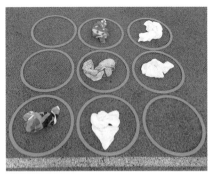

图2-22　　　　　　　　图2-23　　　　　　　　图2-24

12. 降落伞

先将4条长约40cm的细绳一端分别系在毛巾四角上，然后将4条绳子另一端合并固定在一个小沙包或纸球上，就制作完成了一个简单的降落伞。学生先将降落伞收拢叠放，然后用力将降落伞向上抛起，让降落伞打开并徐徐下降，看谁的降落伞滞空时间最长。

13. 分组标识

在体育教学或游戏中，为方便区分各小组人员，把不同颜色的毛巾系在学生的手臂上，同个小组同种颜色，该方法特别适合小组混合比赛或游戏。

建议：在一些体育游戏中需要少数特定的角色参加，也可以采用该方法进行角色区分。

14. T台秀

学生将一条毛巾装扮在自己身上，在音乐的伴奏下，分组分批进行T台秀，

展示当代学子的自信与风采。（图2-25）

15. 脚手靶

将毛巾展开悬挂于一定高度，学生对毛巾进行出腿出拳击打练习，以此体验腿法拳法的力量与速度。

16. 拳击手套

图 2-25

在武术教学时，为了更好地体验拳击的发力动作，学生一般会对拳击靶进行击靶练习，可以将毛巾缠绕在手上，变成一个简单的拳击手套，以增加缓冲力，减轻击打疼痛。（图2-26）

17. 毛巾小足球

将毛巾打结成球状作小足球，设置两个小球门，学生均分成两组，进行在小场

图 2-26

地的踢球游戏或比赛。也可以一方队员相互传接球，另一方抢断，最后看哪方传接球次数多。

18. 毛巾手球

将毛巾打结成球状作手球，教师借鉴并简化手球比赛规则组织学生进行比赛，可要求持球队员不得移动，只能传球和射门；或不射门，在规定时间内看哪队传接球次数多。

三、塑料桶在体育教学中的运用

现代生活中有各种各样的塑料制品，如塑料桶、塑料盆、纸篓等。塑料桶有颜色多样、光洁、轻巧、不易破碎等特点。塑料桶在体育教学中既能作为新颖的器材，又能帮助营造良好的课堂教学氛围、提升练习效果。

（一）自身功能的开发

1. 作标志点

将塑料桶作为各种标志点（如起点、终点、折返点等）进行跑的练习。

2. 作障碍物

在障碍跑中，将塑料桶当作障碍物，摆放成"一"字形或"Z"字形等形状，进行跨、跳、绕等形式的练习。（图3-1）

图3-1

3. 作起跳点

在跳远、跳高等项目练习时，将塑料桶当作起跳点。

4. 作标志杆

在足球和篮球教学中，将若干个塑料桶间隔一定距离摆放，进行"8"字绕桶运球练习。

图3-2

5. 作防守队员

将塑料桶当作防守队员，在篮球行进间运球时，进行转身、变向过人等练习。

6. 作标尺

将塑料桶按一定距离摆放，作为投掷项目练习的远度标尺。

7. 作收纳箱

将塑料桶当作收纳箱，把体积较小的物品集中置于桶内，如跳绳（图3-2）、沙包等器材。

8. 作目标筐

将塑料桶口朝上当作目标筐，将轻物投入桶内，练习投准。（图3-3）

9. 作助威鼓

将塑料桶倒置于地上或拿在手上当作鼓，用木棍或手击打塑料桶发出高昂的声音，用于加油助威，能烘托现场气氛。

图3-3

10. 作节奏鼓

将塑料桶倒置于地上或拿在手上当作鼓，用木棍或手击打塑料桶发出有节奏的声音，作为体育教学中的练习指令或节奏。

11. 作重物

将塑料桶当作哑铃，练习时，学生双（单）手握塑料桶（根据自身手臂力量在桶中加入适量的沙子)进行平举、负重提拉、深蹲（半蹲）等动作练习。（图3-4）

图3-4

（二）在体育游戏中的运用

1. 黄金搭档

学生两人一组，相距一定距离面对面站立；一人拿纸球，另一人拿一个塑料桶。游戏开始后，两人合作一抛一接，拿桶人两脚不得移动，否则接住纸球为无效，每人抛5～10个纸球，然后交换角色进行，最后累计两人的进球数，看哪组进球数最多。

2. 挑担接力赛

学生分成人数相等的若干组，站在起点线后面，把两个塑料桶挂在竹竿的两头。游戏开始后，排头迅速挑起塑料桶，向对面跑出，并绕过标志点后折返，交给下一名学生，依次进行，先完成的组获胜。若途中塑料桶掉地，则需要重新把桶挂起后，再继续前进。

3. 移动篮筐

学生分成人数相等的两组进行篮球赛，每组派出一名学生，手持一个塑料桶当作移动篮筐，分别站在篮球场端线上。比赛开始后，拿桶的学生可以在端线上左右移动去接同伴投出的篮球，在规定时间内，投中多的组获胜。

4. 南水北运

学生分成人数相等的若干组，站在起点线后面。游戏开始后，排头拿一次性小塑料杯在起点处的塑料桶内盛水，然后快速运水至终点，将水倒入终点的塑料桶内，再快速折返，把小塑料杯交给下一名学生，依次进行，在规定时间内运水量多的组获胜。

建议：可以在起点、终点处多放几个塑料桶盛水，学生人手一个小塑料杯同时进行运水。

5. 赶"小猪"

将塑料桶横放当小猪，学生用接力棒将"小猪"赶到指定区域，再返回起点，看哪名学生最先完成。

6. 跳跳兔

学生在大腿间夹一个塑料桶，模仿兔子向前跳，看看谁跳得快。

7. 模特步

学生在膝关节间夹一个小塑料桶，模仿模特走在一条直线上，要求桶不能掉地，先到终点者获胜。

8. 齐心协力

学生两人一组，背靠背站立，将塑料桶夹在两人背中间。游戏开始后，两人配合夹桶，快速行进至终点，先到终点的组获胜。如途中桶落地则需要快速捡起，夹回背部，再继续前进。

9. 托盘竞速

学生均分成若干组，每组成纵队站在起点线后。发令后，排头单手托塑料桶快速前进，绕过标志点后返回起点，与下一名学生接力，依次进行，先完成的组获胜。若途中塑料桶落地，则需要重新托起塑料桶后再继续前进。

10. 螃蟹爬

学生分成人数相等的若干组，仰卧屈膝，两手撑地。游戏开始后，排头快速把塑料桶置于腹部，爬行至终点后返回起点，与下一名学生接力，依次进行，先完成的组获胜。

11. 套套桶

将若干沙包或实心球散状放在地面上作目标物，学生站在一定距离的投掷线上，用塑料桶去套地面的目标物，每人套 3 ~ 10 次，最后以套中多者为胜。

12. 手指顶桶

学生将塑料桶的底部边沿放在一只手的食指上，另一只手扶住塑料桶，找到平衡后，再慢慢放开，类似于平衡杂技表演，最后看谁的塑料桶竖立时间长。

建议：在用手指顶塑料桶熟练后，可以尝试用前额、手背等部位去顶，以增加挑战性。

（三）拓展运用

1. 水中夹珠

将五颜六色的弹珠放进塑料桶里，然后倒上水，学生手握一双筷子和一个纸杯或碗准备。游戏开始后，学生用筷子将弹珠一一夹起放入纸杯或碗中，在规定时间内，看谁夹的弹珠最多。

建议：可以往水里滴几滴墨水或加入少许水粉颜料，让清水变浑浊，以增加游戏难度。

2. 顶瓮竞走

顶瓮竞走是朝鲜族传统体育活动，一般参赛者头顶一盛水瓦瓮（重量 5kg 左右），快步疾走通过 100 ~ 200m，以瓮不倒、水不溅出、速度快者为优胜。为了体验这项民族传统体育活动的魅力，学生可以头顶空塑料桶进行尝试。为了确保塑料桶的稳定性，先在头顶放一个胶带圈，然后将塑料桶（装一些沙包或纸球）放在胶带圈上面。刚开始时，允许两手扶住塑料桶，然后逐渐过渡到一只手扶，直到不用手扶，看谁在塑料桶不掉落的情况下走得远。

建议：待学生基本上掌握头顶塑料桶的技术后，取出沙包，往塑料桶内倒入适量的清水。

3. 滚桶

学生将一个塑料桶横放在起始线后，然后发力将塑料桶向前滚出，直到塑料桶停止，看谁的塑料桶滚得最远。

4. 转桶

学生用一只手或两只手将一个塑料桶斜立在地面上，使塑料桶底部边沿的一个点着地，找到平衡点后准备。发令后，学生用手指拨动塑料桶，让塑料桶沿顺（逆）时针方向转起来，直到塑料桶停止旋转，看谁的塑料桶旋转时间最长。

5. 推推乐

在光滑的地砖上贴一条起始线，在离起始线前适宜距离处贴上 8 条间隔约 40cm 的平行线组成 7 条条形靶，由近至远分值分别为 1 分、2 分、3 分、5 分、3 分、2 分、1 分。游戏开始后，学生手持一个塑料桶站在起始线后，然后发力将塑料桶贴地向前推出，塑料桶向前滑行后停止的相应条形靶分值即为得分，若压在线上，底部面积靠哪边多即以该区域分值为得分。（图 3-5）

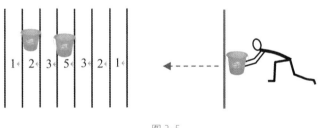

图 3-5

建议：①可以在地面画环形靶代替条形靶；②可由个人赛改为团体积分赛；③根据学生的年龄大小，可酌情在塑料桶里增加一些轻物。

6. 装消毒液

肺活量是学生体质健康测试项目，为了减少浪费，一些学校选用质量较好的可多次循环使用的吹嘴，这样就要做好消杀工作。根据配制比例，将若干消毒片与水放入塑料桶中溶解形成消毒液，然后将使用过的吹嘴放入消毒液中浸泡30min 以上，用清水冲净晾干，包装待用。

7. 乒乓球捡球器

取一个塑料桶，网购 2 ～ 4mm 高弹力圆形橡皮筋，然后将橡皮筋间隔约3cm 平行拉直在塑料桶口上，用胶带固定住橡皮筋，最后用胶带把一支 PVC 管或废弃扫把杆固定在塑料桶外侧作手柄即可。在捡乒乓球时，手握手柄，将拉有橡皮筋的桶口对准地上乒乓球轻轻一压，乒乓球就会自动弹进桶内。（图 3-6）

图 3-6

建议：①为了更好地固定橡皮筋，在塑料桶口上沿用细铁锯锯开一条小槽；②在塑料桶侧面或底部开一个约 12cm × 12cm 的口子，用于倒出收集到的乒乓球。

四、包装袋在体育教学中的运用

包装袋是指用于包装各种用品的袋子，使货物在生产流通过程中方便运输，容易存储，广泛运用于日常生活和工业生产中。包装袋在生活中比较常见，也容易收集。有的包装袋耐磨性好、不易断裂，如米袋、布袋、编织袋等；有的包装袋重量极轻、容量大、便于收纳，如保鲜袋、塑料袋等。包装袋合理有效地运用于体育教学中，既能弥补学校体育器材的不足，又能丰富体育锻炼形式，激发学生的学习兴趣。

（一）在体能练习中的运用

1. 角力赛

将编织袋拧成一股绳，两人分别抓住一端，进行角力比赛，以此锻炼学生的上肢力量。

2. 吹吹乐

学生将一个稍薄一些的塑料袋（或保鲜袋）充满气并打结（如同气球），然后将其上抛，同时用嘴不断吹气（图4-1）保证塑料袋不落地；也可将稍薄一些的塑料袋贴墙放好，连续向其吹气（图4-2），让塑料袋贴紧墙体，不掉落。

3. 贴胸跑

将塑料袋贴于胸口前面，学生通过快速奔跑让塑料袋不掉落，在跑动过程中不能用手去扶塑料袋，看谁跑得最远。学生可以用布袋或者米袋等稍重的袋子进行挑战，以增加难度。（图4-3）

| 图4-1 | 图4-2 | 图4-3 |

4. 合作跑

学生两人一组，各抓布袋或者编织袋一端，一同往前跑，并一同过终点，也可在布袋上面放置一些物品，以增加难度。

5. 梦想袋

取 1.6～2.0m 长包装绳，将塑料袋两提手系在绳子一端，便制成一个梦想袋。每人将梦想袋系在自己的腰部，梦想袋离后腰约 1m。发令后，学生向前或沿跑道跑出，让塑料袋在空中飞舞，看谁的梦想袋飞得久、飞得高。（图4-4）

图 4-4

6. 投掷物

将编织袋卷成圆柱状或打结扎成一个球状作投掷物，用于各种投掷练习，锻炼学生的投掷能力。

（二）在体育游戏中的运用

1. 抓尾巴

学生将塑料袋塞在后腰裤子里作尾巴，进行多人相互抓尾巴的游戏。

2. 踩气球

将塑料袋充满气并打结作气球，系在一条腿的脚踝处，学生两人一组，一人用脚踩对方的气球，另一人躲避，规定时间后交换，比一比谁踩到的次数多。

3. 车轮滚滚

将多个编织袋头尾相连组成一个大车轮，将车轮立起来，若干名学生站在车轮里，两手举起上面袋子，统一向前走，让车轮滚动起来，最先到达终点的组获胜。

4. 袋鼠跳

学生双脚放进麻袋或大编织袋，手抓袋口，以双脚跳跃的方式前进，也可增

加难度，两人一组一起往前跳，最先完成的人或组获胜。（图4-5）

图4-5

5. 春播秋收

将若干个塑料瓶当作秧苗，放在编织袋里，学生均分成若干组，每组一只编织袋。发令后，每组排头持编织袋跑出，沿途将秧苗种下，种完跑回将编织袋交给下一人，下一人沿途收割水稻，收割完跑回将编织袋交给第三人，以此类推，最先完成的组获胜。

6. 快速铺浮桥

用编织袋作浮桥桥板，学生均分成若干组，每人一只编织袋。发令后，每组学生轮流出发，将编织袋铺在前方终点线后，直到最后一人完成，将所有袋子首尾连接成一座浮桥，看哪组最先完成。

7. 青蛙过河

学生均分成若干组，站在起点线后，在长约20m的跑道上放置间距适宜的若干布袋或编织袋。游戏开始后，每组排头用单脚或者双脚跳跃的方式依次跳到编织袋上向前行进，绕过标志点后折返，与下一名学生接力，下一名学生出发重复以上动作，以此类推，最先完成的组获胜。

8. 翻山越岭

在编织袋里装入废弃海绵或旧衣服，然后将编织袋按照横、竖的形式，间隔一定距离放置在跑道上，学生采用跨越的方式跳过不同高度的编织袋，最先完成者获胜。

9. 两人三足

学生两人一组，手抓袋口，相邻的两条腿站在编织袋里，协调配合向前走或跑向终点，比比哪组用时最短。也可以在赛道中设置一些障碍物，以增加游戏难度。

10. 手掌球

将保鲜袋或塑料袋充满气并打结，学生两人一组，用手去拍击袋子让它始终在空中飘动，不落地。比一比哪组的袋子在空中飞翔的时间最久。还可以采用一人拍多个塑料袋或多人拍多个塑料袋的形式开展。（图4-6）

图4-6

11. 神投手

将铁丝做成编织袋的支架，袋口打开放置在半径适宜的圆心上作目标筐，学生站在圆圈上，用编织袋或纸做的球，逐一投球，相同轮次后，投入最多者获胜。

12. 运输员

学生均分成若干组，站在起点线后。发令后，每组学生轮流出发，两手持装有一定重量水或沙子的袋子，跑到标志点后返回，直到最后一人返回起点线为止，先完成的组获胜。其中水、沙子也可以用其他物品代替，如废旧的报纸、书本等。（图4-7）

图4-7

13. 飞毯传球

学生均分成若干组，每组学生两两面对面站立，两人一小组分别抓住一只编织袋的一边，组成一个小飞毯。游戏开始后，第一小组两人用飞毯把排球抛到第二小组的飞毯上，如此依次传递，直到最后一块飞毯接到排球，用时最少的组获胜。

14. 抛接球

学生三人一组，两人抓握大编织袋袋口两侧，另一人手持篮球站于一定距离处，将球投进编织袋。每人投若干次，然后轮换当投手，最后看谁投进的球多。也可以采用将排球垫或传进编织袋的方式进行游戏。（图4-8）

图4-8

（三）拓展运用

1. 降落伞

用保鲜袋或塑料袋制作微型降落伞，在上面剪出一个正方形，然后用 4 条长约 30cm 的细线系在 4 个角上，最后在 4 条细线的另一端固定一个小物件即可（图 4-9）。也可以直接用 1 ~ 3 条细线系在袋口上，做成一个简易降落伞。学生将降落伞叠好向空中抛出，比一比谁的降落伞滞空时间最长。

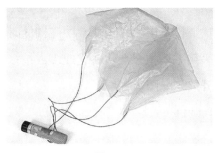

图 4-9

2. 袋子篮球

在篮球外面套一个塑料袋，并系好袋口，学生进行原地运球、换手运球、胯下运球、行进间运球等各种球性练习，以此增加球感。（图 4-10）

3. 作足球洞

学生两人一组，一人将袋口撑开，另一人进行足球踢球进洞的练习。

建议：用竹竿、PVC 管将袋口撑开，增加练习密度。

图 4-10

4. 舞龙

将若干编织袋连在一起组成长龙，学生两手高举袋子，在龙头的带领下，可以做直线、曲线、起伏前进等简单的舞龙动作。

5. 收纳袋

大编织袋可用作篮球、排球、足球的收纳袋。（图 4-11）

图 4-11

6. 重力袋

往适宜的袋子里装入适量沙子，然后扎紧袋口作沙袋，可做各种提、拉、蹲、跳、跑、扛等练习；也可以在粗杆子或镀锌管两端分别固定一个装有一定重量沙子的沙袋，做成一个简易的杠铃进行练习。

7. T台秀

把塑料袋或者编织袋底部剪掉套在身上，变成裙子，进行T台秀表演。（图4-12）

图4-12

五、报纸（纸张）在体育教学中的运用

报纸（纸张）是常见的生活物品，有一定的可塑性和柔韧性，且具有可卷、可折、可团、可撕等特点。报纸（纸张）在体育教学中，可以直接利用或简单加工制作成一些体育器材，运用起来轻便安全、简单实用，不仅能丰富体育器材的种类，还能培养学生勤于动手动脑的好习惯。

（一）在奔跑类教学中的运用

1. 快速跑

将报纸放在胸前跑，让报纸贴胸不落地，可进行单人加速跑、多人接力跑等，提高学生加速奔跑的意识和能力。（图5-1）

2. 绳梯

图 5-1

将报纸折成约5cm宽的长条，用若干根长条摆成一副绳梯，安排各种绳梯练习，如快速垫步向前跑（图5-2）、横向小滑步（图5-3）、前后交叉步等动作，提高学生脚步快速移动的能力，发展学生身体的灵活性和协调性。

3. 接力棒

将一定数量的报纸（纸张）卷成圆柱状，外面用胶带固定住，变成接力棒，进行各种接力练习。

图 5-2　　　　　　　　　　　　图 5-3

4.抓尾巴

将报纸折成约5cm宽的长条塞在后腰裤子里当作尾巴，游戏开始后，学生在保护好自己尾巴的同时去抓对方的尾巴，不能拉扯身体，旨在提高学生的应变能力。（图5-4）

图 5-4

5.任务卡

将报纸剪成不同形状的纸片，分别代表不同任务，如圆形表示绕圈跑、扇形表示投掷物体、三角形表示开合跳、梯形表示俯卧撑等，学生在分组练习或定向运动中看到对应形状的纸片则完成相对应的任务。

（二）在跳跃类教学中的运用

1.十字交叉跳

将报纸对折若干次后放于地面上，学生站在报纸后面进行向前、向后、向左、向右的跳跃练习，增加跳跃练习的乐趣，提升空间感。（图5-5）

图 5-5

2.跳低障碍物

学生双脚或单脚跳过横放或纵放的报纸。

3.跳高障碍物

将报纸做成一定高度的障碍物，学生助跑后跳过障碍物，要求单跳双落。报纸做的障碍物能消除学生的恐惧心理，提高其练习效果。

4.连续过障碍

将若干张报纸对折3～4次后，按一定距离摆放在地面上，学生通过单脚跳或双脚跳等形式依次从报纸上空跳过（图5-6）；也可以"Z"字形跳，从起点开始先跳向第一张折叠报纸的右前方，再跳向第二张折叠报纸的左前方，依次连续跳跃（图5-7）；还可以绕障碍物以"S"形连续跳跃（图5-8）。

图 5-6　　　　　　　　图 5-7　　　　　　　　图 5-8

5. 跳荷叶

用报纸作荷叶，将若干张报纸在地面上随机摆放成单、双组合，学生在一张报纸的地方单脚落地，在两张报纸的地方双脚落地，锻炼学生的协调性和跳跃能力。（图5-9）

6. 魔法飞毯

学生一人一张报纸，双脚踩在报纸上，双手抓住报纸的前端，拉着报纸向前跳，在跳的过程中要求做到报纸不破、落地时脚不能碰到地面。（图5-10）

图 5-9　　　　　　　　　　　　　　图 5-10

7. 夹纸跳

学生将报纸夹在膝关节间，在报纸不掉落的情况下，向前纵跳，看谁先到达终点；也可进行接力比赛或追逐赛。

8. 摸高

将报纸制作成纸球,然后用绳子将纸球悬挂在一定高度,学生进行原地起跳、助跑起跳的头顶球练习，锻炼学生的弹跳能力，可用于跳高、跳远的辅助练习。

9. 跳房子

将长40～50cm的纸棒搭成可单双脚跳的房子，以单—双—单—双的顺序排列，学生进行跳房子接力比赛。

10. 辅助跳绳

跳绳时，学生将报纸夹在腋下进行练习，解决上臂外展的问题，教师引导学生做到两上臂贴近身体、手腕发力摇绳的动作。

（三）在投掷类教学中的运用

1. 投掷轻物

将纸折成纸飞机或揉成垒球大小的纸球，进行投掷练习。（图5-11）

2. 打靶比准

用垒球大小的纸球进行投掷打靶比准比赛，可以设置不同远度、不同高度的投准比赛。

3. 抛接纸球

将报纸做成纸球，可以单人自抛自接，或增加难度向上抛球后做原地蹲起、原地转一圈等动作后再接球；也可将球从后背抛起从前方接住球；还可两人一组原地、走动、跑动对抛对接（图5-12）。该练习有助于提高学生的抛接能力、协调能力和合作能力等。

图5-11 　　　　　　　　　　　　　　图5-12

4. 打纸炮

将纸折出两个炮筒, 拇指和食指捏住折角 (图5-13), 炮筒朝下, 手臂快速向下挥, 纸发出"嘭"的声音, 该练习对投掷动作中的快速挥臂有一定的辅助作用。

5. 拍纸方片

将纸折成纸方片 (图5-14), 可双人、多人进行拍纸方片游戏, 一人拿着自己的纸方片去拍打另一人的纸方片 (图5-15), 如果对方的纸方片翻面, 那么对方的纸方片就成为自己的战利品, 如果没有翻面则由对方进行拍打。

图5-13   图5-14   图5-15

（四）在体操类教学中的运用

1. 辅助线

在侧手翻教学中, 在地上放约5cm宽的纸片 (长为报纸的长), 作为手和脚的落地标志物, 教师提醒学生保持直线练习。

2. 辅助器材

在前 (后) 滚翻练习中, 将纸片作为辅助器材, 学生夹在下巴、腿腹间、膝关节间, 解决在滚翻练习过程中团身不紧、分腿的问题, 教师引导学生低头含胸、团身滚动。在肩肘倒立练习中, 学生用膝关节、脚踝夹纸片, 教师引导学生做并腿上提的动作。

3. 体操棒

将报纸卷成直径为1~3cm的圆柱状, 外面用胶带缠绕固定作体操棒, 学生进行体操棒相关的动作练习。

4. 花球

将报纸裁成宽 2cm、长 30cm 左右的纸条，中间用绳子或者胶带缠绕固定成 5 ~ 8cm 的手柄，制作成花球，用于各种花球啦啦操的练习。（图 5-16）

5. 纸裙

将报纸剪成细条固定在绳子上做成裙子，学生穿上跳纸裙舞。（图 5-17）

图 5-16　　　　　　　　　　　　　　图 5-17

（五）在球类教学中的运用

1. 纸篮球

将报纸揉成篮球大小的纸球并用透明胶带包裹，可用于低年级学生学习传接球、投篮等篮球基本技术动作，解决了器材不足的问题。也可以利用纸篮球进行一些篮球游戏比赛，如"三对三传接球赛""移动投篮游戏""投准比赛"等，激发学生的篮球运动兴趣。

2. 纸足球

将报纸揉成足球大小的纸球并用透明胶带包裹，学生练习踩球、拨球、运球等足球基本技术动作。纸足球因弹性降低，所以易于控制。也可以利用纸足球进行点球和头顶球等，这样不仅提高了练习的安全性，降低了学生的恐惧心理，还增加了足球课的趣味性。

3. 纸排球

将报纸揉成排球大小的纸球并用透明胶带包裹，学生练习自垫球、对垫、自

传球、扣球等排球基本技术动作。（图5-18）

4. 纸保龄球

将报纸揉成保龄球大小的纸球并用透明胶带包裹（中间可包一个实心球或沙包，以增加重量），然后用塑料瓶作球瓶进行打保龄球练习或比赛。

5. 纸橄榄球

将报纸揉成橄榄球大小的纸球并用透明胶带包裹，在场地上设置两个球门，学生均分成两组进行简易的橄榄球比赛。（图5-19）

图 5-18

（六）在体育游戏中的运用

1. 斗牛

学生两人一组，一人为斗牛士，双手持报纸当斗篷来逗引牛，另一人用头去顶报纸，锻炼学生突然加速、判断等能力，规定时间后互换角色。（图5-20）

2. 击剑

将报纸卷成 80 ~ 100cm 长的细棒作为剑，学生两人一组体验击剑项目。

3. 踢毽子

将报纸制作成垒球大小的纸球，在制作时夹入一根长棉绳，在纸球最外层再用胶带固定以免绳球分离；学生手持绳子一端，然后像踢毽子一样踢纸球。

4. 吹纸巾比远

取一张纸巾（或将纸巾大小的纸揉捏一下打开），学生双手持纸巾两端自然下垂放在嘴前，在大力吹气的同时松开双手，努力将纸巾往前吹，比谁吹的纸巾

图 5-19

图 5-20

飞出的距离远。

5. 吹纸球比赛

将报纸揉成乒乓球大小，放在乒乓球桌上，学生进行一对一或二对二的吹纸球比赛。

6. 车轮滚滚

利用报纸和胶带制作一个封闭式大圆环，将圆环立起来当作车轮，学生站在车轮里并用手扶住上方报纸，慢慢向前走，让车轮滚动起来，确保报纸不断开。

7. 连体衣

将报纸用胶带拼接在一起，每张报纸中间剪空，学生头套进报纸大圆孔，排成一路纵队，进行直立走、慢跑、鸭子走等练习。（图 5-21）

8. 眼疾手快

将纸片（可团成球，折成小船、纸飞机等）放在两人中间，两人根据口令完成

图 5-21

相应的动作，当听到"抢"的口令时迅速去拿纸片，看谁先拿到纸片。

9. 赚取货币

每人发 5 ~ 8 张小纸片作为货币，在指定区域内散点走动或跑动，中途两人相遇时猜拳，负者给胜者一张货币，在规定时间内看谁获得的货币多。

10. 喊数抱球

将报纸揉成排球大小的纸球，学生 4 ~ 8 人围成一个圈并按顺序编号，一人站在中间向正上方抛起一定高度的纸球，同时喊出一个数字，相对应数字的学生迅速跑入圈中接纸球，若接住则马上抛球并随机喊出一个数字待对应数字的人来接，若球落地则未接到纸球的人须在进行若干体能练习后再继续抛球，该游戏有助于锻炼学生的反应能力与抛接球能力。

11. 踏纸过河

学生均分成若干组，站在起点线后。发令后，每组学生轮流出发，每人利用

3 张纸交替前移，两脚要踩在纸上面，到达终点后跑回起点线与下一人接力，直到最后一人完成为止，先完成的组获胜。

12. 团结一"纸"

学生均分成若干组，每组学生同时站在一张报纸上，然后慢慢撕减报纸的面积，最后比一比哪组占用报纸面积小，要求全部人在报纸上（脚不触地）坚持 5s 为成功。

13. 报纸运物

学生两人一组，两人握住报纸的 4 个角并拉平，在报纸上放小重量的物品进行搬运，培养学生的合作能力。

14. 逃避大摆钟

将报纸揉成直径为 15cm 的纸球，用一根一定长度的绳子连接，做成一个大摆钟。游戏开始后，一名学生站在圆心，手持绳子一端，上举一定高度转动大摆钟，其余学生想方设法躲避大摆钟去内圈取物品，取物最多者可以成为下一轮转大摆钟的人。（图 5-22）

图 5-22

15. 蚂蚁爬行

学生手脚仰撑在地上，将纸放在腹部，然后手脚交替向前、后、左、右爬行，在纸张不掉落的情况下，看谁爬得稳、爬得快。

16. 举腿取物

甲、乙两人一组，甲直立拿着若干张纸，乙仰卧，双手抓住甲的脚踝，然后双腿上举至甲的胸前，用双脚夹住甲给出的一张纸后，慢慢下放双腿将纸放在地上，以此类推，直到取完甲手上的纸为止，两人交换角色继续游戏。

17. 赶"小猪"

将报纸卷成粗纸棒（纸棒的头可保持原有的圆形，也可做扁），将纸球作为小猪（也可用垒球、足球等代替），学生进行双手持棒赶"小猪"接力或者赶"小猪"进圈等游戏。

18. 打雪仗

学生分成人数相等的两组，分别站在各自的区域，每人手持一个用报纸做成的纸球。游戏开始后，学生将纸球扔向对方区域，在规定时间内，区域内纸球少的一组获胜；学生每次只能扔出一个纸球。

六、书本在体育教学中的运用

书本在日常生活中随处可见、随手可得，如课本、辅导书、练习册、杂志等，它具有可卷、可立等特点。废旧书本运用到日常的体育教学中，不仅可以丰富体育器材，还可以为体育教学增添光彩。

（一）在行走类教学中的运用

1. 摆臂辅助器材

在原地踏步摆臂练习中，教师拿书本站在学生前方或者后方，作为摆臂高度练习的标志物，可使学生明确摆臂高度。

2. 平衡走

学生将书本顶在头上向前走（翻开书本盖在头上以降低难度），背部挺直，面向前方，保持良好的行走姿态。（图6-1）

3. 端书走

学生双手前平举或侧平举，掌心朝上，将书本放在掌心上向前行进，保持良好的行走姿态，以锻炼手臂力量。

4. 连体兄弟

学生两人一组，内侧手侧平举，用掌心夹住书本，齐心协力向前走（图6-2）；也可面对面，双方掌对掌或额头对额头，夹着一本书进行行进间接力比赛（图6-3）。

图6-1   图6-2   图6-3

（二）在奔跑类教学中的运用

1. 负重摆臂

学生两手各持 1～3 本书（可平拿或卷成圆柱拿住）做原地负重摆臂练习。（图 6-4）

2. 障碍跑

将若干本书在场地上摆成各种形状作障碍物，学生进行 "S" 形绕障碍跑，还可以进行跨书本接力跑。

3. 弯道跑弧线

将书本拼接摆成弧线进行弯道跑练习，以解决场地不足的问题。

图 6-4

4. 作间距物

将若干本书保持一定距离摆放成绳梯，学生进行小步跑、交替侧向跑动等练习。

5. 作接力棒

将薄的书本卷成圆柱形，用胶带缠在外面固定作为接力棒，学生进行各种接力练习。（图 6-5）

图 6-5

（三）在跳跃类教学中的运用

1. 跳低障碍物

将书本横放、纵放当作低障碍物，学生双脚或单脚跳过书本，也可将书本横向、纵向拼接，看看最远能跳过几本书。（图 6-6）

2. 跳高障碍物

将书本叠高或竖立当作高障碍物，学生

图 6-6

从书本上面跳过，做各种跳跃练习。（图6-7）

3. 连续过障碍

将书本按照一定的图形或者路径摆放成障碍路线，学生单脚跳、双脚跳或开合跳连续跳过若干本书，可以从书上空跳过，也可以"Z"字形跳（从起点开始先跳向第一本书的右前方，再跳向第二本书的左前方，依次连续跳跃），还可以采用"S"形跳（绕着书本障碍物连续跳、侧身跳）等。（图6-8）

4. 青蛙跳

4名学生手拉手形成一个圆圈，每人的面前放一本书，4人顺时针（逆时针）蹲跳，每次跳起落地时双脚尽量落在书本正前方。（图6-9）

5. 夹书跳

学生将书本夹在膝关节间，在书本不掉落的情况下，向前纵跳，看谁先到达终点；也可进行接力比赛或追逐赛。

（四）在体能练习中的运用

1. 书本哑铃

将书本当作哑铃，学生手持多本书进行上举、弯举、前平举、侧平举等静力性、动力性练习，锻炼学生的手臂力量和手指握力。（图6-10）

图 6-7

图 6-8

图 6-9

图 6-10

2. 书本杠铃

学生平躺或屈膝躺在地上，两手抓握若干本书（可以捆绑在一起）进行推举、颈后屈臂伸、前后拉伸等力量练习。（图6-11）

图 6-11

3. 夹书举腿

学生仰卧在垫子或干净的平地上，将书本夹在两脚之间，两腿伸直慢慢上举至垂直地面再还原，下落时两脚不能落地，练习的组次数应酌情安排；也可以两脚夹书本后上举约45°进行端腹练习，看谁停留时间久。（图6-12）

图 6-12

4. 坐位体前屈

学生坐在地上，两腿并拢前伸，再将若干本书放于两脚脚跟下方，然后进行坐位体前屈练习。根据柔韧能力，可以增减书本厚度，建议脱掉鞋子练习。（图6-13）

5. 搬运物

学生在练习爬行时，可以在其背上放若干本书，要求在爬行中，书本不掉地，以增加练习的趣味性。（图6-14）

6. 蚂蚁搬家

学生仰撑，四肢着地，将书本放于腹部，进行搬运书本爬行练习。该练习能锻炼学生的腰腹核心力量，提高学生对身体的控制能力。（图6-15）

图 6-13　　　　　　　　图 6-14　　　　　　　　图 6-15

7. 俯撑上下

学生俯撑，前面叠放若干本书，形成一个书砖。学生双手依次爬上书砖，再下砖，比一比在规定时间内谁做的次数多。（图6-16）

8. 开火车

用书本拼接成直线、环形等形状作火车轨道，学生俯撑或仰撑，手脚放在书本两侧，沿着轨道向前爬。（图6-17、图6-18）

图6-16　　　　　　　　　图6-17　　　　　　　　　图6-18

（五）在体育游戏中的运用

1. 书本传递

若干名学生纵队排列，从第一人开始，双手持书本经头上向后依次传递书本。队形还可以变换成圆形、正方形、三角形等；传递方式可以为体侧传递、胯下传递等。

2. 翻翻乐

学生分成甲、乙两组，两组持相同数量的书本散置于场地上。甲组书本打开并反扣在地面上，乙组的书本合上。发令后，双方队员进入场地，乙组队员将合上的书打开反扣，甲组队员将打开的书合上，在规定时间内，看书是打开得多还是合上得多，数量多的一方为胜。为了增加练习负荷，书本摆放的间距可以拉开。（图6-19）

图6-19

3. 角力

将书本卷成圆棒，两人分别手握圆棒的一端。发令后，两人用力往自己的方向拉，谁先将对方拉过中线即获胜。

4. 两书分离

将两本书的纸张交叉堆叠若干页，然后两人抓紧两本书书脊，用力将两本书分离。（图6-20）

建议：两本书的纸张数量穿插越多，产生的摩擦力越大，拉开的难度也越大。练习时，穿插页数应由少到多逐渐增加。

图6-20

5. 千斤卷棒

将书本卷成接力棒大小，中间系上一条长约1.2m的绳子，绳子另一端系上重物（如实心球、哑铃、砖块等），就制作完成一个卷吊球器材。学生两手抓握卷棒两端并前伸，然后两手转动慢慢将重物上卷到一定高度，再慢慢下放重物，如此反复进行。该游戏可以锻炼前臂、手腕、手指力量。（图6-21）

6. 你放我接

甲、乙两人一组，甲两手掌心相对放在胸腹前，两手相距约20cm，乙将一本书竖着放在甲两手中间正上方约10cm处。游戏开始后，乙随机松手让书自由下落，甲则迅速反应用两手去夹落下的书，练习反应速度与灵敏度。（图6-22）

图6-21

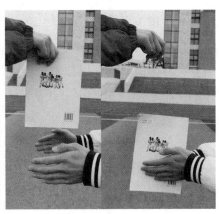

图6-22

7. 手指转书

学生用食指或中指的指尖抵在书本的中心，然后让书本在指尖沿逆时针（顺时针）方向旋转，看谁将书本转得更久。（图6-23）

图6-23

8. 掷手榴弹

将书本卷成直径为2～6cm的圆柱形，外面用胶带缠绕固定作手榴弹，学生进行各种掷远、掷准练习。

9. 掷飞碟

用胶带将书本的书口固定作飞碟，学生进行飞碟掷远、掷准比赛，看谁的飞碟飞得远、飞得准。（图6-24）

图6-24

10. 推推乐

学生2～5人一组，每人一本书，先猜拳决定出场顺序，然后每人依次将书本放于桌子前沿（书本离开桌子边沿少许），手掌用适宜力度推击书本，看谁的书本推得最远且不落地。负者根据约定做一些简单的体能练习。（图6-25）

图6-25

七、筷子在体育教学中的运用

筷子是我国古代劳动人民的智慧结晶，更是我们日常生活中不可或缺的用餐工具。人们在使用筷子时，可以带动人体多个关节和多块肌肉运动。筷子运用于体育教学中，不仅能锻炼手的灵活性，促进学生大脑发育，还能吸引学生课堂注意力，提高教学效率。

（一）在体能练习中的运用

1. 轮换扶筷

学生右手拿筷，置于体前，并让筷子尽量保持垂直，右手在放开筷子的同时，左手迅速去扶筷子，然后换左手拿筷，重复练习，完成一定的次数和组数。（图7-1）

建议：①可增加两手之间距离，随之挑战难度也增加；②为了便于两手抓握筷子，可以用多根筷子捆绑成团进行练习。

图7-1

2. 步伐练习

将两根筷子间距25～40cm左右平行放置在地面上，学生左右脚交替在筷子内外进行左右移动或前后跑动；也可以将若干根筷子摆成绳梯一样的筷子梯道，学生进行小步跑、高抬腿等不同方式的专项练习。（图7-2）

3. 顶筷

学生辅助手持筷，将其竖立在另一手一根手指的螺纹面上（一般用食指），找到平衡后，放开辅助手，比一比谁顶筷子的时间最久。（图7-3）

图7-2　　　　　　图7-3

4. 摸高练习

学生两人一组，一名学生站在凳子或安全物体上，双手举起筷子使其平行于地面，另一名学生原地单（双）脚起跳触碰筷子。

建议：筷子的高度设置要由低至高、循序渐进，以调动学生练习的积极性。

5. 转筷棒

将 15～25 根筷子用橡皮圈扎好，形成圆柱状，学生两手抓握筷团，进行平转（图 7-4）、立转（图 7-5）、拧翻等力量练习。

6. 夹筷跳

学生用双腿内侧夹住 1～15 根筷子（多根筷子用橡皮圈扎牢），采用双脚跳方式，看谁先跳到终点。可进行小组接力比赛，先完成的组获胜。（图 7-6）

图 7-4

（二）在室外游戏中的运用

1. 百发百中

在地上画一条投掷线，在一定距离处放置塑料桶（杯），每人若干根筷子，在投掷线外选择任意方式投掷，看谁投中数量最多。可以组织小组比赛，最后以投中数量多的小组为胜。（图 7-7）

图 7-5　　　　　图 7-6

2. 击鼓传筷

学生围坐成一圈，教师把筷子随意发放给其中一名学生，然后背对学生敲击鼓点，学生按顺（逆）时针方向传递筷子，鼓声停止时，拿筷的学生需要表演个人才艺。

3. 猜拳取筷

学生均分成若干组，每组成纵队站在起点线后，

图 7-7

各组指定一人作猜拳手，每位猜拳手持若干根筷子交叉站到其他队的终点处。发令后，各组第一人跑向本队终点处，与其他队猜拳手猜拳，若胜则获得一根筷子，

若负则不获得筷子，若平手则继续猜拳直至分出胜负。第一人返回起点线后与第二人击掌，第二人以同样方法进行，以此类推，在规定时间内获得筷子多的组获胜。

4. 支三脚架

学生均分成若干组，每组成纵队站在起点线后。发令后，各组排头手持3根筷子，迅速跑到前方约20m处的支棒区，将3根筷子支成一个三脚架后返回和第二人击掌，第二人跑出将筷子取回，并将筷子支在离起点线前约3m处的支棒区，以此类推，在两个支棒区轮流支棒，直至最后一人完成为止，看哪组最快。跑回途中若筷子倒下，须重新支好三脚架再跑回。（图7-8）

图7-8

5. 运送筷子

学生均分成若干组，每人一根筷子，在距离起点线约15m处放置一个塑料桶作为终点。发令后，每组学生轮流出发，将筷子平放在一根手指上，保持平衡行走至终点，将筷子放入塑料桶后迅速跑回，直至所有学生完成，用时少的组获胜。在跑进途中如遇筷子掉落，须在掉落点拾起并放好才能重新出发。（图7-9）

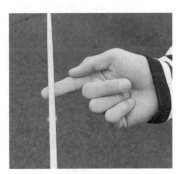

图7-9

6. 春种秋收

在起点线前放置若干个有一定间距的小塑料桶，学生均分成若干组，每组成纵队站在起点线后，排头手持与小塑料桶数量相同的筷子。发令后，每组学生轮流出发，第一人将筷子依次放在小塑料桶内，第二人将筷子收回，如此一放一收，直到最后一人完成为止，先完成的组胜出。该游戏还可根据学生年龄特点设计不同距离的跑动路线。（图7-10）

图7-10

7. 筷子速递

学生均分成若干组，每组成纵队站在起点线后，每人一双筷子。发令后，每组学生轮流出发，每人用筷子夹一个乒乓球前行至折返点后返回起点线，用筷子将乒乓球传递给下一人，以此类推，直到最后一人返回起点线为止，看哪组最先完成。比赛途中若乒乓球掉落，须捡起回到掉落处重新夹好，方可继续比赛。（图7-11）

图 7-11

建议：可以在每组赛道上放置两个一定距离的塑料盆，将有球盆中的乒乓球夹送到无球盆中。

8. 筷子运货

学生均分成若干组，每组成纵队站在起点线后，各组第一人左右手各持一根筷子且保持水平状态，然后在两根筷子上面横放若干根筷子当货物。发令后，每组学生轮流出发，在确保货物不掉落的情况下完成规定距离，以此类推，直到最后一人返回起点线为止，先完成的组为胜。比赛途中若货物掉落，须捡起回到掉落处由同组同

图 7-12

学重新放好，方可继续比赛。（图7-12）

建议：①货物可以用书本、沙包、象棋棋子等物品代替；②可以两人一组并排站立，两人的内侧手各持一根筷子进行合作运货。

9. 筷子拼字

学生均分成若干组，每组成纵队站在起点线后，每人1～3根筷子。发令后，每组学生轮流出发，根据小组事先商量好要拼写的字，跑至终点处用筷子拼摆，直到最后一人完成返回，看哪组拼得又快又漂亮。（图7-13）

建议：①各组所有的筷子要用完，笔画可

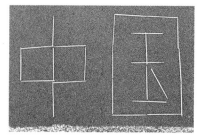

图 7-13

重复可不重复；②可以统一拼相同的字，或各组拼一个字，最后形成诸如"祖国你好"的字样。

（三）在室内游戏中的运用

1. 筷子集合

学生两人一组，每组前方有15根筷子，听到哨声后，学生拿起筷子放到塑料瓶中。每次只能拿一根筷子，塞入塑料瓶后才能拿下一根。一定时间内，塞进瓶中筷子多者获胜。（图7-14）

建议：①可根据学生的能力适当增减筷子的数量；②可进行蒙眼抢筷；③可进行多人比赛。

2. 你放我抓

甲、乙两人一组，甲一只手虎口向上张开，乙持一根筷子垂直放在甲虎口正上方约10cm处。当乙松开筷子时，甲要在筷子落地前快

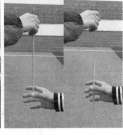

图7-14　　　　　　　图7-15

速抓住，若干次后，两人交换角色，最后看谁抓住筷子的次数多。（图7-15）

建议：①可根据学生的能力调整筷子投放的高度；②可同时进行双手投放和抓取，以此锻炼学生的注意力及反应力。

3. 情报"筷"传

学生均分成若干组，各组横队站位，第一人咬住筷子的一端，将纸杯杯口朝下套在另一端上，传递给第二人，第二人同样咬住筷子的一端，用筷子的另一端去接杯子，在传递过程中学生身体的任何部位都不能接触杯子，在传递过程中若杯子掉落，须捡起后重新传递。以此类推，各组完成传递时间最短的组获胜。（图7-16）

图7-16

4. 浑水摸鱼

学生均分成若干组，每组准备一个盆子和一个水杯，在盆子内放入规定数量的弹珠，并倒入少许墨汁。每组第一人用筷子夹一个弹珠到水杯中，再换下一人继续，依次进行，直至最后一名学生完成，用时最短的组胜出。也可在规定时间内看谁夹的弹珠个数多。

5. 筷堆高塔

学生在平整的地面或桌面上交叉摆放两根筷子，然后每次往上交错叠放两根筷子，在规定时间内高塔层数最多者获胜。摆放时要注意位置适中，以免倒塌。（图 7-17）

6. 巧捡筷子

学生两人一组进行比赛，将筷子统一立起来后散开，先由一名学生徒手取筷，每次只能取一根，成功取出可继续再取，在取筷过程中如果碰到其他筷子或使其他的筷子晃动即挑战失败，则换另一名学生取筷，依次交替进行。直至筷子全部被取完，取筷多者胜出。（图 7-18）

图 7-17   图 7-18

7. 筷子叠杯

在桌上直线摆放 6 个纸杯，学生双手各拿一根筷子，双手合力用筷子夹住纸杯边缘，按顺序将第一个纸杯放入第二个纸杯中，依次用同样的方式继续叠放，直至全部纸杯叠完，用时最少者获胜；也可以自行选择叠放顺序。（图 7-19）

图 7-19

8. 小小"筷"递员

学生若干人一组，相邻两人面对面错位站立，
每人两根筷子，第一人双手各握一根筷子，在上
方放置一根筷子，并将这根筷子传递给第二人，
如遇掉筷，须将筷子捡起再继续，依次进行，直
到传递完成，用时最短的组获胜。（图7-20）

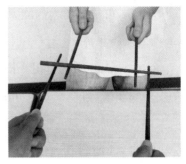

图7-20

9. 蚂蚁搬家

学生两人一组，在桌面上按一定间距摆放若干个纸杯，1号纸杯与2号纸杯
上架放一根筷子（或其他物品）。每组中一人双手各握一根筷子，用筷子把物品
从1～2号区域运送到2～3号区域，交由另一人接力再运到3～4号区域，两
人交替进行。在运输过程中如果筷子掉落，须在掉落区放置好后再重新开始，直
至运送到终点，速度快的组获胜。（图7-21）

10. 物归原主

在桌面上放置若干个纸杯（杯口朝上）和乒乓球，学生左右手各握一根筷子，
然后用筷子夹起乒乓球依次放入纸杯，直到夹放完所有乒乓球为止，看谁用时最
少。（图7-22）

图7-21

图7-22

11. 投筷进杯

每人10根筷子，在指定高度，学生手握筷子一端，将筷子投入杯中，直至
投完10根筷子，投中数量多者获胜。

建议：可根据学生的能力调整投筷的高度。（图 7-23）

12. 九筷拱桥

学生两人一组，每组 9 根筷子合作进行拱桥搭建，最后以搭建速度、外观完整度和承载能力判定胜负。（图 7-24）

13. 筷子廊桥

准备 3 根筷子和 3 个纸杯，每个纸杯间的摆放距离都要大于筷子的长度，学生用 3 根筷子搭起一座廊桥，最后看哪一座廊桥的承重量最大。（图 7-25）

图 7-23

图 7-24

图 7-25

14. 危机四伏

学生两人一组，准备 15 根筷子和一个双面胶，先将 15 根筷子交叉插入双面胶圆圈内，使其撑高双面胶，然后分别抽取筷子，要求一次只能抽取一根筷子，交替进行，直至一方抽取的筷子导致双面胶摔落，即失败。（图 7-26）

15. 三角鼎力

准备 3 根筷子，将它们的一端靠在一起，支撑形成一个立体三角形，并保持 3s 不倒，先完成者获胜。（图 7-27）

图 7-26

图 7-27

16. 五谷"分"登

取 5 种小物品各若干放在一个塑料盆里，塑料盆边上放置 5 个小碗，学生手持一双筷子准备。发令后，学生将盆中混杂的五谷分别挑拣出来放到相对应的 5 个小碗里，分完后立即喊"好"，看谁用时最短。要求：只要有一个夹错了，就必须从头再来。本游戏可以锻炼学生的手眼协调能力。（图 7-28）

图 7-28

建议：①五谷可以用大豆、红枣、花生、白豆、莲子等体积稍大的物品，以便于夹取，也可以用各种颜色的乒乓球、玻璃珠、小纸球等物体来代替；②五谷可以调整为三谷或四谷。

17. 唇鼻传筷

学生均分成若干组，每组站成一排或圆圈，第一人在上嘴唇和鼻子之间夹一根筷子准备。发令后，第一人将筷子传递给第二人，两人只能用唇和鼻进行传递，手不得去触扶筷子，以此类推，看哪组先传到最后一人。途中若筷子掉落，则须在掉落处捡起筷子并夹好，再继续传递。（图 7-29）

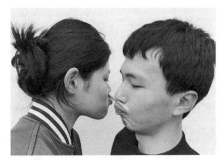

图 7-29

18. 合作顶筷

学生两人一组，面对面站立，用单手（或双手）互顶一根（两根）筷子，一起做蹲起（图 7-30）、翻转（图 7-31）、单脚或双脚转圈等动作，要求筷子不能掉落。

图 7-30　　图 7-31

19. 推推乐

学生2～5人一组，每人一根筷子，先猜拳决定出场顺序，然后每人依次将筷子放于桌子前沿（筷子离开桌子边沿少许），手掌用适宜力度推击筷子，看谁的筷子推得最远且不落地。负者根据约定做一些简单的体能练习。（图7-32）

图 7-32

（四）拓展运用

1. 接力棒

将10～15根筷子用橡皮圈扎好作接力棒，学生进行各种接力比赛。（图7-33）

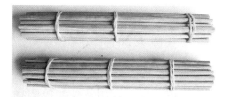

图 7-33

2. 筷子舞（操）

"筷子舞"是蒙古族的特色舞蹈，我们可以借鉴与创新，并在体育课、大课间推广运用。学生双手各持一束筷子，并在下面配有边长35cm的红、黄、蓝、绿等颜色的方块绸布，跟着音乐的节拍，在肢体的配合下，用筷子击打手、臂、肩、背、腰、腿、脚等部位。（图7-34）

3. 放松棒

将10～15根筷子用橡皮圈扎好作放松棒，学生之间相互敲打肩、背、腿等部位进行肌肉放松。

4. 手榴弹

将15～25根筷子用橡皮圈扎好作手

图 7-34

榴弹，用来掷远、掷准等练习。（图7-35）

5. 卷吊球

将15～25根筷子用橡皮圈扎好作卷棒，用长约1.5m的绳子一端固定实心球等重物，另一端固定在卷棒中间，制作成卷吊球。学生通过两手交替转动将重物提升，锻炼前臂和手指力量。（图7-36）

图7-35   图7-36

八、泡沫地垫在体育教学中的运用

泡沫地垫是一种由国际环保组织认证，由 PE 材料发泡而成的新型家装材料，主要有30cm×30cm、60cm×60cm、100cm×100cm等规格，具有柔软、韧度高、轻便、安全、经济等优点。教师根据教学需要可选择合适规格的泡沫地垫进行教学，通过折叠、展开、竖立等各种组合方法，激发学生练习的兴趣。泡沫地垫还具有代替体育器材小折垫的作用，可以更好地服务于体育教学。

（一）在跳跃类教学中的运用

1. 单、双脚跳

学生利用"一"字形组合垫（图8-1），进行左右连续单、双脚跳练习；利用"十"字形组合垫（图8-2），进行按数字顺序的连续单、双脚跳练习，如 0—1—0—2—0—3—0—4等。这样的方式使原本单一的练习形式变得更加丰富，有利于激发学生的练习欲望，增强学生体能。

图 8-1　　　　　　　图 8-2

2. 单跳双落

学生利用"丰"字形组合垫，在垫子的间隔处或垫子上进行单跳双落的练习。在同一个图形上，进行两种不同形式的练习，不但丰富了练习形式，而且有效提高了器材的使用率。（图 8-3）

图 8-3

3.跳远辅助练习

选用规格为 60cm×60cm 的泡沫地垫，把一块泡沫地垫裁切成两个半块，用裁切下来的半块和另一块完整泡沫地垫进行拼接组合成"7"字形（图8-4）。把组合好的泡沫地垫放置在沙坑起

图8-4　　　　　　　图8-5

跳板前适宜处（图8-5），学生从组合泡沫地垫上跳跃过去，以此解决起跳高度不足的问题。

4.连续跨跳

同"跳远辅助练习"方法，将泡沫地垫进行拼接组合，学生连续跨跳，要求后蹬腿有力，起跨腿做到提膝伸腿。（图8-6）

建议：①泡沫地垫较轻，易滑动，使用时要对垫子进行固定，为了使它更牢固，胶带的一边要粘在卡槽的中间（图8-7）；②为了防止泡沫地垫拼接处脱落，在背面的拼接处要用两条胶带进行固定（图8-8）。

图8-6　　　　　　　图8-7　　　　　　　图8-8

5.跨越式跳高

在初学跨越式跳高时，学生可以利用 60cm×60cm 泡沫地垫组合成的跳高架（图8-9）进行练习，这样的跳高架不仅重量轻，容易搬运，而且组合简单，实用性强；也可以利用 100cm×100cm 泡沫地垫卡槽两两相扣组成跳高架，

在两个跳高架之间横拉一条橡皮筋（橡皮筋固定在泡沫地垫边上高度不等的卡槽上）作横杆（图8-10）进行练习，橡皮筋的高度可根据学生的能力调节。

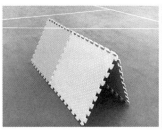 

图8-9　　　　　　　　　　图8-10

6. 收腹跳

在跳远类项目中，收腹是较为重要的环节，借用上述跳高架学生也可进行收腹跳练习（图8-11）。

建议：①练习前要用胶带对架子进行适当固定，提高跳高架的稳定性；②在跳高架卡槽旁边的标记上刻度（图8-12），使高度更加直观，便于学生

图8-11　　　　　　　　　　图8-12

自评，通过高度的不断增加，激发学生的自我挑战欲望。

7. 立定跳远的辅助练习

（1）落地缓冲垫。

在一些条件不足的情况下，如果在水泥地等硬地面进行立定跳远练习，对学生的膝关节损伤比较大，取若干块60cm×60cm的泡沫地垫进行拼接，铺在落地区，能适当减少学生落地时对膝关节的压力。

（2）小腿前伸练习垫。

取30cm×30cm的泡沫地垫，制作方法与上文的"跳远辅助练习"器材制作相同，将制作好的器材根据学生水平摆放在一定远度，学生跳过该垫，解决落地时小腿不前伸的问题。

（3）展体辅助垫。

取 60cm×60cm 的泡沫地垫，将泡沫地垫对半切开变成两块长方形，取一块在有卡槽一侧的长边挖两个孔，然后用绳子穿过两个孔洞，并将泡沫地垫呈水平状固定在一定高度的跳高横杆上。学生站在适宜位置处，然后用力向前上方跳出，双手积极上摆，力争双手击打到悬挂在前上方的泡沫地垫，然后屈膝落地。这样可以更好地体验在立定跳远时，髋、膝、踝充分伸展，手臂向上举的动作要领。（图 8-13）

图 8-13

（二）在体育游戏中的运用

1. 立定跳远过关

取若干泡沫地垫，拼接成不同长度并平铺在各个位置，学生根据自己的跳跃能力，选择合适远度的泡沫地垫进行立定跳远挑战。通过不同远度的挑战，学生可从中获得成就感，有助于树立自信心。

2. 跳跃障碍

将两块泡沫地垫拼接成 "Λ" 字形，每两个障碍间隔一定距离。采用接力方式进行比赛，学生用跨越或单双脚跳过所有障碍。

3. 抢车位

将泡沫地垫间隔适宜距离围成一个圈，泡沫地垫数量要比参加游戏的人数少一个，学生围着泡沫地垫慢跑，根据口令做相应的动作，当听到指定口令后，一人抢站一块泡沫地垫（地垫的归属权以谁的脚先站到泡沫地垫上为准），没抢到者表演节目或做体能练习；也可根据泡沫地垫的颜色，规定所有汽车（学生）要

停在指定颜色的车位上。（图 8-14）

4. 赛马

学生均分成若干组，每组一块泡沫地垫放在较为光滑的场地上。每组排头坐在

泡沫地垫上，双手抓住泡沫地垫，利用脚、臀部、躯干发力向前行进，保持垫不离地，到达折返点后返回，与下一人接力，依次进行，完成接力用时最短的组获胜。（图 8-15）

图 8-14 　　　　　　　　　　图 8-15

5. 木砖铺路

学生均分成若干组，把泡沫地垫作为木砖纵向铺在地上，每组第一名学生搬起第一块木砖并踩过其他木砖，将第一块木砖放至最前面，再从木砖上返回，换下一名学生将第二块木砖搬到最前面，若组内某名学生未准确踩在木砖上，则该组暂停 10s，再继续进行，直至木砖铺到终点，最先完成的组胜出。（图 8-16）

6. 百发百中

将 4 块泡沫地垫竖立拼成一个筐，在离起点不同距离处放置一定数量的筐，离起点越远，分值越高。学生站在起点处用投掷物进行投掷，每人投掷若干次，比谁累积的分值最高。（图 8-17）

图 8-16 　　　　　　　　　　图 8-17

7. 看图行动

用若干泡沫地垫在场地四周拼出不同形状的标志物，每种形状表示做相应的动作，如"十"字形做十字跳，"一"字形做俯卧撑，"⊥"形做开合跳，"∟"形做仰卧起坐，等等。学生均分成若干组，以组为单位依次经过不同标志物，在到达每个标志物时，需要根据不同形状完成相应的动作，直到完成最后一个为止，看哪组完成得又好又快。

8. 垒宝塔

学生均分成若干组，每组约50块泡沫地垫（30cm×30cm），先搭建多个正方体基座，再将基座竖立连接，最后取3块泡沫地垫拼成"△"形放置在最高基座的上方作塔尖，在规定时间内看哪组垒得最高。（图8-18）

图 8-18

建议：可以借助桌椅来搭建，也可以用绳子固定、拉动来协助搭建。

9. 飞地毯

甲、乙两人一组，一块泡沫地垫，甲拉乙跳，甲双手抓住泡沫地垫一边，乙站在泡沫地垫上面。开始后，甲利用乙向上跳起的腾空时间，向前拉动泡沫地垫，如此反复进行，直到泡沫地垫和人都移行到终点，然后两人互换角色以同样方式跳回起点，看哪组最先完成。要求跳者双脚始终落在泡沫地垫上，否则原地停止5s再继续游戏。（图8-19）

建议：可以单人练习，学生站在泡沫地垫上，双手抓住泡沫地垫一边，向前跳跃即可。（图8-20）

图 8-19　　　　图 8-20

10. 俯撑行走

将一块30cm×30cm的泡沫地垫放在地面上，学生双手俯撑在泡沫地垫左侧或右侧。发令后，学生左右手依次移到泡沫地垫另一侧，然后再移回原位，如此左右交替反复进行，看谁先完成规定的次数或在规定时间内看谁移动次数多。（图8-21）

建议：可以尝试双手在泡沫地垫前后来回移行。

图 8-21

11. 俯撑跳跃

学生站在一块泡沫地垫一侧，两手撑于泡沫地垫正前方适宜处，抬高臀部。发令后，两手固定不动，两脚同时在泡沫地垫两侧来回跳动，脚不触及泡沫地垫，看谁先完成规定的次数或在规定时间内看谁做的次数多。（图8-22）

建议：可通过调整泡沫地垫的宽度来调整练习的难度，泡沫地垫越宽难度越大，反之难度越小。

图 8-22

12. 运球翻垫

将若干块相距一定距离的泡沫地垫（正面朝上）放置在场地上，学生手持一个篮球站在起点线后，面向泡沫地垫准备。发令后，学生在向前运球的同时依次将泡沫地垫翻转180°，翻完所有地垫后直接运球返回起点线，看谁用时最少。也可以采用接力比赛。（图8-23）

图 8-23

（三）拓展运用

1. 作体操垫

用泡沫地垫作体操垫，可根据需要将多块泡沫地垫进行自由拼接，学生在泡沫地垫上面进行前滚翻（图8-24）、肩肘倒立、

图 8-24

侧手翻等各种体操技巧动作练习。

2. 作坐垫

把泡沫地垫铺在地上当作坐垫，适宜在场地不干净时使用，学生可以在泡沫地垫上练习坐下与起立队列动作（图8-25），也可以坐在泡沫地垫上听讲，进行拉伸、丢手绢等活动。

3. 作软式飞盘

选取30cm×30cm的泡沫地垫当作软式飞盘，可进行多人互相抛接（图8-26），可比一比谁的飞盘飞得远或在空中停留的时间长。

图8-25 　　　　　　　　　　　　　　　　　图8-26

4. 作保护地垫

将若干泡沫地垫拼接铺在体操馆、跆拳道教室、武术训练馆等地板上，用于各种教学与训练，可以起到一定的保护作用。

5. 作障碍物

把泡沫地垫拼接、搭建成形式多样的障碍物，学生做跨、钻、跳、绕等过障碍动作。（图8-27）

6. 作积木

利用泡沫地垫四边有卡槽的特点，可把泡沫地垫当作积木，学生自由发挥想象搭建不同的造型，如正方体、宝塔、车子、

图8-27

三脚架等。这个游戏适合班级团建，也可采用接力的形式进行搭建。

7. 作接力物

取 30cm×30cm 的泡沫地垫作接力物，或将泡沫地垫卷成圆柱形并用胶带缠绕作软式接力棒，学生进行春种秋收、迎面接力、蚂蚁搬家等接力游戏。

8. 作标志物

泡沫地垫可以用作球类教学中的标志物，如用于标示篮球三步上篮（图8-28）、足球脚内侧踢球支撑脚位置等；还可以用作往返跑、折返跑、运球绕杆（图8-29）等练习的标志物。

图 8-28　　　　　　　　　图 8-29

9. 作骰子

将 6 块泡沫地垫拼搭成一个正方体作骰子，固定后在骰子的每个面写上数字或练习动作名称（如俯卧撑 20 个、开合跳 20 个等），学生进行投骰子游戏。（图8-30）

10. 作软式跨栏架

将两块泡沫地垫拼接成"A"字形或 3 块泡沫地垫拼接成"△"形作软式跨栏架，用于初学跨栏跑或跨栏跑接力赛。

图 8-30

九、橡皮圈在体育教学中的运用

橡皮圈是一种以硅橡胶为原材料制成的半透明环状胶管，常用于电饭煲、高压锅的密封圈和电压式热水瓶的垫圈。橡皮圈不仅具有环保、轻便、经济等优点，而且尺寸多样、材质柔软、弹性好、安全性高。为此，我们可以将废旧的橡皮圈用于体育教学，既可以补充体育器材，又可以丰富课程内容。

（一）在体操类教学中的运用

1. 前后滚翻

（1）在前后滚翻教学中，可将橡皮圈放在体操垫后，学生站于圈内做好准备，让初学者体验正确的站立位置。（图9-1）

图 9-1

（2）前滚翻时，将橡皮圈放于垫上合适位置，学生后脑勺触碰橡皮圈进行滚翻。此练习可以帮助学生找到后脑勺着垫的正确位置。（图9-2）

（3）学生将橡皮圈夹在两膝中间进行滚翻，以改善滚翻时两膝分开的问题。

图 9-2

（4）学生将橡皮圈夹在下巴处进行滚翻，以改善滚翻时不低头的问题。

（5）学生将橡皮圈夹在腿腹之间进行滚翻，以改善滚翻时团身不够的问题。

2. 侧手翻

将4个橡皮圈按一定间隔依次摆放成一条直线，学生双手、双脚依次落到4个橡皮圈内。此练习可以帮助学生找准双手、

图 9-3

双脚着地的正确位置，辅助学生体会侧手翻的正确路线。（图9-3）

（二）在田径教学中的运用

1. 步频、步幅练习

将若干个橡皮圈按一定距离摆放成一排，学生依次踩着橡皮圈进行步频、步幅等专项练习。（图 9-4）

2. 投圈游戏

将橡皮圈悬挂在离地 1.5m 处作为篮筐，学生用投掷物进行投准练习，投入数量最多的学生获胜。

图 9-4

3. 摸高跳

将一个橡皮圈置于地上，另一个橡皮圈悬挂于高处，学生进行摸高跳，借助"积极踏跳—快速向上跳起"的方式，一脚准确踏入地上的橡皮圈内，用力蹬地起跳，触及高处悬挂的另一个橡皮圈，橡皮圈高度可根据学生的练习情况进行调节。此练习可以锻炼学生的弹跳能力。

4. 投掷拉圈

学生两人一组，前后站位，前面学生手持橡皮圈一端举过头顶，并放置在背后，后面学生拉住橡皮圈另一端，并放置在胸前高度，前面学生向前做挥臂动作，后面学生适当牵引用力，练习若干次后两人交换位置，以提高挥臂动作质量。（图 9-5）

5. 快速接圈

学生两人一组，相距 1.5 ~ 3m，一人

图 9-5

高举手中的橡皮圈站于跑道一侧，另一人做好起跑姿势。发令后，举圈者迅速松开手中的橡皮圈，同时接圈者快速起跑去接橡皮圈，看能否在橡皮圈落地之前将橡皮圈接住。若干次后，两人交换角色继续练习。此练习可以强化学生的

起跑速度和反应能力。

6. 目标跳远

将橡皮圈放置在适宜距离处（距离根据学生能力进行选择），学生进行立定跳远练习，力争跳到所设置的橡皮圈位置，然后调整远度，重设目标，继续尝试练习。教师也可按照由近及远的方式摆放橡皮圈，让学生逐级挑战。（图9-6）

图9-6

7. 齐心跳

学生3～8人一组，每组学生手拉手围成一圈，每名学生脚下放置一个橡皮圈，学生统一口令向左或向右跳一个位置，双脚落在相邻的橡皮圈内。练习时要求不得出现松手、互相碰撞等情况，可尝试连续向一个方向跳跃若干次。

8. 踩圈跳

学生身体呈下蹲姿势，双手抓握橡皮圈置于体前，双脚踩住橡皮圈内侧向前跳。练习时要求橡皮圈不能脱落。（图9-7）

9. 作起跳点

在跳远、跳高教学中，橡皮圈可以作为起跳点，教师引导学生准确踏入圈内起跳，帮助学生确定正确起跳位置。

图9-7

（三）在体育游戏中的运用

1. 击鼓传圈

若干名学生围成一圈，从指定位置开始传递一个橡皮圈，随着鼓声（或音乐）沿顺（逆）时针方向依次传递，鼓声（音乐）停止时，橡皮圈在哪名学生手中，该学生就要表演节目或做若干个体能练习。学生需要在拿到橡皮圈的瞬间，将橡皮圈传给下一名学生。此游戏有助于锻炼学生的反应能力。

2.丢手绢

选一名学生作为放圈者，手持橡皮圈，在围坐成一圈的学生身后跑步，并择机将橡皮圈套入某一名学生的头上，此学生发现后应立即取下橡皮圈，起身去追放圈者，若在1～2圈内追（拍）到，则由放圈者继续游戏，若没有追（拍）到，则互换角

图9-8

色继续游戏。此游戏可锻炼学生的反应能力和快速奔跑能力。（图9-8）

3.十字跳

学生站于橡皮圈内，按前—圈—后—圈—左—圈—右—圈的顺序完成一次十字跳（图9-9）。根据学生身体素质设置循环次数，可单脚或者双脚进行，有助于锻炼学生的跳跃能力和协调性；也可以用5个橡皮圈摆成十字形，学生每次都要跳在橡皮圈内。（图9-10）

4.套圈

学生每人3～5个橡皮圈，向相距1～3m处的标志筒等柱状目标物进行抛投，看谁套中的数量最多。（图9-11）

图9-9　　　　图9-10　　　　　　　图9-11

5.传圈接力

学生4～10人一组围成圈，指定一人单脚套上橡皮圈。发令后，第一名学生将脚上的圈向左（右）侧学生传递，边上学生用脚将圈接走，再交由下一名学生，依次进行，直到橡皮圈回到第一名学生脚上为止，用时最短的组获胜。

6. 两人三足

学生两人一组并排站立，将橡皮圈对半互扭，呈"8"字形套在两人内侧脚的踝关节处，代替绑带进行两人三足游戏，以提高学生的合作能力。（图9-12）

图9-12

7. 青蛙跳荷叶

将若干橡皮圈在场地上摆成"一"字形或"Z"字形，学生均分成若干组，每组学生轮流出发，依次踩着橡皮圈通过，直到最后一人完成返回起点，看哪组最先完成。（图9-13）

图9-13

8. 开拖拉机

学生3人组成一台拖拉机，两人在前并肩站立，内侧腿向后抬起，由后面一人双手各持一个橡皮圈套在踝关节处。发令后，3人同时从起点线出发，前面两人单脚跳，后面一人用橡皮圈拉住前面两人的腿，并把握行进方向，到达折返标志杆时前面两人左右位置互换，重新搭好后跳回起点线，看哪组最先完成。（图9-14）

建议：①同组同伴身高差不宜过大；②后面拉橡皮圈的学生要控制好力度，不要提拉过高，以免前面学生重心不稳摔倒。

图9-14

9. 蝎子摆尾

学生两手和一只脚撑地，另一只脚向后抬起，并在脚踝上套上橡皮圈（图9-15）。发令后，学生用两手和一只脚爬行前进，绕过前面标志物后返回起点，看谁先完成。也可以两人

图9-15

一组，两人平行，两手和外侧脚撑地，内侧脚抬起套于橡皮圈内（图9-16）。在双人练习时，同伴身高差异不要太大。

图9-16

10. 抢夺尾巴

在指定区域内，每人将一个橡皮圈塞进自己的后腰裤子作尾巴。发令后，学生在保护好自己尾巴的同时，用手去抓其他人的尾巴，看谁在规定时间内获得的尾巴最多。（图9-17）

图9-17

建议：①尾巴露出部分需要超过整个橡皮圈的三分之二；②游戏时，不能用手按住自己的尾巴。

11. 抢夺地盘

学生5人一组绕4个橡皮圈逆时针慢跑，听到口令"抢"后，双脚快速踩入一只圈内，未进圈者淘汰。剩余4人继续进行绕3个橡皮圈的慢跑，以此类推，直至最后一人获胜。（图9-18）

建议：①游戏时，在圈外画个圆，明确跑动路线；②游戏时，不能推、踢、撞人，渗透品德教育。

12. 穿越封锁线

游戏时，穿越者纵队排列，从起点依次沿着封锁线通道出发，另外4名阻击者相距5m，站在封锁线两侧，用手中的橡皮圈击打穿越者，被击中的学生退出游戏，未被击中的学生则重新折回起点继续穿越游戏，最后一名未被击中者为最终获胜者。（图9-19）

图9-18　　　　　　　　　　　　　　　　　　　图9-19

13. 三子棋

在场地上画一条起始线，在相距 10 ~ 20m 处将 9 个橡皮圈按 3×3 的形式摆成九宫格；学生 3 人一组成纵队站于起始线后，两组对抗，每组各持一色棋子（棋子可以用布团、沙包、实心球等代替），每人一个。发令后，各组第一人跑出将棋子放在任意一个橡皮圈中，然后返回与下一人击掌；成员依次放棋子，若 3 人放棋子完毕还未将三子连成一条线，则要依次跑出将本方棋子进行移动，每次只可移动一子，看哪方先把三子连成一条线（直线、斜线均可）。（图 9-20）

图 9-20

14. 患难与共

学生两人一组并排站立，将两人内侧腿套入一个橡皮圈内并勾起。发令后，两人用支撑腿一起跳跃前进，先到达终点的组获胜；也可以进行接力比赛。（图 9-21）

15. 移石过河

学生均分成若干组，每组成纵队站在起点线后。游戏开始后，每组排头用 2 或 3 个橡皮圈交替向前移行，要求脚必须踏在橡皮圈内，绕过终点标志杆后，再返回起点，与下一名学生接力，先完成的组获胜。（图 9-22）

16. 俯撑行走

将一个橡皮圈放在地面上，学生双手俯撑在橡皮圈左侧或右侧。发令后，学生左右手依次移到橡皮圈另一侧，然后再移回原位，如此左右交替反复进行，看谁先完成规定的次数或在规定时间内看谁移动次数多。（图 9-23）

图 9-21

图 9-22

图 9-23

建议：可以尝试双手在橡皮圈前后来回移行。

17. 俯撑跳跃

学生站在一个橡皮圈一侧，两手撑于橡皮圈正前方适宜距离处，抬高臀部。发令后，两手固定不动，两脚同时在橡皮圈两侧来回跳动，脚不触及橡皮圈，看谁先完成规定的次数或在规定时间内看谁做的次数多。（图9-24）

建议：可通过调整橡皮圈的宽度（如两个橡皮圈并排放置）来调整练习的难度。

图 9-24

（四）作为简易教具的运用

1. 作标志物

橡皮圈可以用作球类教学中的标志物，如用于标示篮球三步上篮（图9-25）、足球脚内侧踢球支撑脚位置等；还可以用作往返跑、折返跑等练习的标志物。

2. 作障碍物

将橡皮圈定点摆放成不同形状，学生进行绕圈曲线跑、后退跑、折返跑、三角障碍跑等各种跑的练习。

图 9-25

3. 作跳跃圈

在跳跃类教学中，将橡皮圈作为跳跃圈，学生连续跳入圈内或者跳过圈，锻炼跳跃能力。

4. 作投掷物

在投掷类教学中，将橡皮圈作为投掷物进行投掷。

5. 作接力环

将橡皮圈直接代替接力环，进行各种接力比赛。

6. 作软式飞盘

将橡皮圈作软式飞盘，学生进行互抛互接练习（图9-26）；可以取一块直径比橡皮圈大3cm左右的废弃横幅缝制在橡皮圈上（图9-27），就变成一个既安全又好玩的软式飞盘，学生进行互抛互接（图9-28）或投远、投准等各种投掷练习。

图9-26　　　　　　　　　　图9-27　　　　　　　　　　图9-28

7. 作放球圈

在球类教学中，橡皮圈可用于放置教学用球，让球有"窝"可居，避免球在场地上滚动影响正常的课堂教学。（图9-29）

8. 作跳房子

将若干橡皮圈按单、双排列组合成跳房子图形，学生进行跳房子练习。（图9-30）

图9-29　　　　　　　　　　图9-30

十、竹竿在体育教学中的运用

竹竿在生活中随处可见，且容易收集，具有坚韧、不易折断等特点。竹竿在体育教学中的巧妙运用，不仅能丰富课程资源，还能给学生增添乐趣，提高教学效果。

说明：因竹竿自身特性，可用于跳高横杆。因此，对竹竿的开发可参考丛书第一册《常规体育器材的开发与运用》中"跳高架（横杆）的开发与运用"的相关内容，在此不再赘述。

（一）作为简易教具的运用

1. 作接力棒

截取直径 2 ~ 4cm、长 25 ~ 30cm 的竹竿作接力棒，进行各种接力比赛。

2. 作简易跨栏架

在跨栏教学中，可以将竹竿制作成简易跨栏架进行运用。

3. 作标志杆

将直径约 2cm、长约 1.5m 的竹竿一端插入装有沙子的 5L 矿泉水瓶里或用砂浆固定作底盘，制作成标志杆，用于标示起点、终点、折返点等，也可用于篮球、足球等活动中的运球绕杆练习。

4. 作乒乓球网

在没有乒乓球网的情况下，可以将竹竿架在乒乓球桌中线暂时代替球网，进行乒乓球练习。

5. 作武术器械

在武术教学中，取精细、长短适中的竹竿可代替棍、枪、剑等用于武术教学。

6. 作垂直尺

在倒立、肩肘倒立等教学中，教师在学生身体侧方利用竹竿丈量姿态，衡量学生动作是否标准。

7. 作固定单杠

将直径 4cm 以上、长约 2m 的竹竿固定在校园树木的适当高度上，做成简易低单杠或高单杠，学生进行适宜的力量练习。图 10-1 为斜身引体，图 10-2 为直臂悬垂。

图 10-1　　　　　图 10-2

8. 竹竿舞

利用竹竿进行有节奏的击打，学生在竹竿分合的瞬间进退跳跃，保持优美的身体动作。例如，竹竿节奏为开—合—开—合—开—开—合，学生动作为点（进）—收（出）—点（进）—收（出）—点（进）—点（进）—收（出）。

9. 作丈量尺

截取 1 根 1 ~ 3m 长的笔直竹竿，然后用记号笔在竿身上以 5cm 为一格标出刻度及数值，可用于日常体育教学活动中短距离的丈量，如丈量身高、跳远距离、排球网高等。

10. 作长教鞭

在体育教学中，有时会因条件不足，教师无法直观地给学生进行讲解。例如，在篮球擦板投篮教学中，一般情况下需要将篮球击中篮板的右上角，这时教师可以用长竹竿直观地指向打板位置，以便于学生理解。（图 10-3）

11. 作钓鱼竿

在竹竿一头系一条细绳和 U 形铁丝（作鱼钩）变成一根钓鱼竿，用细短竹竿做成小钓鱼竿，用粗长竹竿做成大钓鱼竿，进行各种趣味钓鱼比赛。

12. 作撑杆

选取粗细长短适宜的竹竿作撑杆，学生手持撑杆体验撑杆跳高的魅力。

图 10-3

13. 作高跷

（1）手握式高跷。

取直径约 4cm、长约 1.5m 的竹竿，在一端约 20cm 处打孔，然后用圆木棒或圆铁棒插入孔洞并固定作脚踏，就制作成手握式高跷，学生进行各种踩高跷练习。

（2）提拉式高跷。

将直径约 10cm 的竹竿截成长约 10～30cm 的竹筒，在竹筒一端离底口约 5cm 处，用电钻打两个对称的孔眼；取一条长约 1.5m 的粗棉绳穿过两个孔眼，然后将两个绳头打结，就制作成提拉式高跷。学生将竹筒竖直放立，两手握住绳子，然后两脚先后踩到竹筒上，拉紧绳子，手脚协调配合，向前行走即可。（图 10-4）

图 10-4

14. 作担架

取两根直径约 4cm、长约 1.5m 的竹竿，相距约 50cm 并排放置，然后在两根竹竿上固定棉线、广告横幅等固定物，就制作成一副简单的担架，用作各种救护搬运游戏的道具。（图 10-5）

15. 作障碍

在障碍跑中用绳子将竹竿固定，搭建成不同难度的障碍，学生进行跨、钻、跳、绕等练习，激发学生的练习兴趣。

16. 作旗杆

把各色彩旗套在直径约 2cm、长约 1.5m 的竹竿上，学生以小组为单位，进行举旗引领跑，小组成员可轮流担任旗手，让学生感受一名旗手的责任与担当。（图 10-6）

图 10-5　　　　图 10-6

17. 作吹气筒

取直径约 5cm、长约 60cm 的竹竿，需保留住一个端口的竹节，然后在竹节中心钻一个直径约 5mm 的圆孔作出气孔，若竹竿中还有其他竹节则用钢筋打通，这就制作成一个吹气筒。使用时，学生手持吹气筒并用嘴抵住吹气筒上端口用力吹气，筒内空气便从下端的出气孔吹出，可进行吹乒乓球、纸片等轻物比快、比远的游戏。同时，学生可以了解以前烧饭时都用吹火筒吹火的历史，感受社会的发展与进步。（图 10-7）

图 10-7

18. 作移动筐

取一根长约 2m 的细竹竿，在其一端用胶带固定一个呼啦圈，制作成移动筐。练习时，持筐者通过双手抓握竹竿的不同位置或调整竹竿与地面的角度，来升降呼啦圈的高度。可用作排球垫传球、篮球投篮（图 10-8）或传球的目标筐，也可用作沙包、纸球、瓶子的投准目标筐。

图 10-8

19. 作平衡吊桥

取多根直径约 5cm、长约 50cm 的竹竿，在竹竿两端系上粗麻绳并固定在双杠上，吊桥间距约 25cm，离地高度约 20cm，这样就搭建成一座吊桥。学生依次从桥头走到桥尾，体验走吊桥的乐趣和艰辛，锻炼平衡能力。（图 10-9）

建议：可以在竹竿两端打孔，然后用绳子穿过孔洞，

图 10-9

这样更为牢固与安全。

（二）在短跑教学中的运用

1. 起跑器

以竹竿替代起跑器，学生两人一组，一人在跑道上成蹲踞式起跑姿势，另一人将两根竹竿分别抵住起跑者两脚的前脚掌（竹竿横放在地面上），然后用力踩住竹竿，避免出现蹬地时竹竿后移的现象。（图10-10）

建议：可以将后脚的竹竿倾斜放在脚掌（图10-11），这样学生在起跑后蹬时能获得更大的动能。

图 10-10　　　　　　　　　　　　　　图 10-11

2. 重心限制竿

在蹲踞式起跑教学中，学生两人一组，一人做蹲踞式起跑练习，另一人蹲立在起跑者背后，在其腰背上方斜放一根适宜角度的长竹竿，以解决起跑后过早抬起身体的问题。（图10-12）

图 10-12

3. 摆臂固定器

（1）左右限制。

初学跑步，身体不协调，摆臂时容易出现左右摇摆、摆不到位等错误动作。

辅助者可用两根竹竿平架于练习者身体两侧，高度在练习者的肘关节处为宜，然后练习者进行前后摆臂练习，要求手肘不能触碰竹竿。（图10-13）

图 10-13

（2）前后幅度。

短跑时，摆臂的幅度和频率比平时要大，特别是起跑和冲刺阶段更为明显。为了让学生更好地体验原地"大摆臂"动作，辅助者可用两根竹竿分别横放在练习者身体前后，身体前面的竹竿约在胸口位置，身体后面的竹竿略低于肩部，练习者摆臂的幅度以肘关节接近或触碰竹竿为宜，反复按标准动作练习。（图10-14）

4. 步频、步幅练习

将若干根竹竿横放在场地上，按一定距离摆放，学生进行步频、步幅练习。（图10-15）

图 10-14

图 10-15

5. 高抬腿练习

在高抬腿练习时，为了引导学生抬高膝关节，身高相近的练习者站成一列横队，两位辅助者手持一根竹竿两端置于练习者所列横队前方适宜高度，练习者进行高抬腿触竹竿练习。（图10-16）

图 10-16

（三）在田径教学中的运用

1. 作投掷物

在投掷教学中，可将竹竿裁成10cm左右的一段，进行投掷练习。在标枪教学中，可以用竹竿代替标枪，进行投掷标枪练习。（图10-17）

图10-17

2. 作跳高架

将两根竹竿插牢在沙坑内侧边缘作立柱，两个大铁夹分别夹在两根立柱的适宜高度，然后在两个大铁夹上面放置一根竹竿作横杆，这就制作成一副简单的跳高架。也可以用竹竿代替横杆放置在标准跳高架上。

3. 作跳远限制物

在跳远教学中，在起跳点前上方适宜处横放一根竹竿，可提高学生的起跳角度。

4. 作出手角度竿

将一定长度的竹竿横放在学生投掷点前上方约1m处，具体竹竿高度根据学生身高调整，要求学生在投掷时须超过竹竿，此方法可纠正学生在投掷时出手角度过低的问题。（图10-18）

图10-18

（四）在体能练习中的运用

1. 爬垂直杆

选取直径约6cm、长约5m的笔直竹竿，一端矗立在地上，垂直摆放，另一端固定在一定高度的固定物上，学生手脚并用向上爬（图10-19），锻炼学生的攀爬能力。

建议：可以在一端打孔，然后用结实尼龙绳或铁

图10-19

丝固定在一定高度的固定物上，另一端离地约 20cm 悬垂在空中。

2. 爬斜杆

选取直径约 10cm、长 5 ~ 7m 的竹竿，一端触地，另一端斜放在单、双杠上或靠墙放置并固定好，下方铺上体操垫。学生从低处往高处爬行，要求双手、双脚都挂在斜杆上，手脚依次移动，直至爬到最高点。该练习可以发展学生的力量、协调等身体素质。

3. 爬横杆

选取直径约 6cm、长 3 ~ 4m 的竹竿，两端分别放在两张桌子（或其他固定物）上并固定好，下方铺上体操垫。学生双手握竹竿，身体悬垂，从一端往另一端移动，发展学生的手臂力量。

4. 平衡木

将直径 5cm 及以上的竹竿放在草坪或地面上，学生从竹竿一端行走到另一端（图 10-20）；也可以将竹竿斜放，学生走斜杆（图 10-21），以增加练习难度。

建议：将竹竿两端固定，防止竹竿移动。

图 10-20

图 10-21

5. 跳斜杆

学生两人一组，一人手持竹竿一端，另一端触地，使其呈斜放状态，另一人单脚或双脚起跳连续跃过障碍，由低到高，顺着竹竿进行"之"字跳练习，锻炼学生的弹跳能力。（图 10-22）

图 10-22

6. 摸高

在竹竿上悬挂一个小球，然后根据学生能力将竹竿横放在一定高度，学生进行摸高练习，锻炼学生的跳跃能力。

7. 夹竿走

学生用两肘窝将一段竹竿夹在背后，抬头挺胸、目视前方，身体正直，平稳向前行走。在练习过程中，每人间隔 3 ~ 5m，注意要抬头挺胸、目视前方以保证练习效果。

8. 走猫步

将两根竹竿平行摆放，左右相距约 15cm，学生从中间行走，要求走直线且不能触碰两侧竹竿。每人间隔 3 ~ 5m，依次练习，锻炼学生走直线的能力。

9. 平衡竹竿

取两根竹竿，一根长 1m 左右，另一根长 20cm 左右，学生手持短竹竿，将长竹竿横放在短竹竿上面，让长竹竿在空中保持平衡，保持时间久者获胜。（图 10-23）

10. 顶竹竿

学生用手指或身体的某一部位顶住竹竿的一端，使竹竿垂直竖立，直到竹竿掉落，时间久者获胜。熟练后也可进行交换手指顶竹竿练习。（图 10-24）

图 10-23　　　　　　　　图 10-24

11. 吹竹竿

取直径 2 ~ 5cm、长 10 ~ 30cm 的竹竿，学生两人面对面分别站在课桌两侧，将截取好的竹竿横放在课桌中间，两人互相用嘴吹竹竿，看谁先将竹竿吹到对方限制线。

12. 超级起重机

取直径 3 ~ 5cm、长约 1.8m 的竹竿，用胶带将实心球缠绕牢固，并将长约 1.5m 的绳子一端固定在实心球上。将做好的多个吊球采用"三套结"打结法，等距系于竹竿上，这样即完成多人卷吊球器材。学生 3 人一组，两臂前伸，手心向下，两手握紧竹竿。开始后，3 人同时用力，两手交替向前（向后）卷动竹竿，直至卷完吊绳（球体碰到竹竿）后，松手让球自由下落还原，再次上卷，如此反复。一卷一放为一次，看哪组最先完成规定次数。（图 10-25）

图 10-25

13. 活动单杠

取直径约 5cm、长约 1.5m 的竹竿，学生 3 人一组，两人分别手握或肩抬一根竹竿的一端，组成一副活动单杠，一人进行斜身引体（图 10-26）、悬垂（图 10-27）等力量练习，也可以做单杠支撑（图 10-28）、单杠骑撑等简单的单杠技术动作。

图 10-26

图 10-27

图 10-28

14. 活动双杠

取直径约 5cm、长约 1.5m 的竹竿，学生 3 人一组，两人分别手握或肩抬两根竹竿的一端，组成一副活动双杠，一人进行直臂支撑（图 10-29）、屈臂伸等练习；也可以 5 人一组，一人在杠中支撑（图 10-30），其他 4 人抬着杠行走。

图 10-29

图 10-30

（五）在体育游戏中的运用

1. 徒手搬竿

学生均分成若干组，各组准备若干根短竹竿。游戏开始后，各组排头将多根短竹竿徒手搬运到终点，快速返回与下一人接力，下一人跑至终点将竹竿运回，如此反复进行，先完成的组胜出。

2. 拼图造型

根据学生课堂练习的需要，以小组为单位比赛拼图创新，将若干根竹竿摆成各种图形，如菱形、正方形、长方形、"井"字形、"米"字形等；也可以借助绳子连接固定，利用竹竿搭建抛石机、跷跷板、宝塔、椅子、大棚、书架等各种有创意的造型。

3. 捕鱼

取一根直径约 3cm、长约 3m 的竹竿，由一名学生充当捕鱼人手持竹竿一端，在另一端上挂一个软式排球，其他学生在篮球场任意移动，捕鱼人用球触碰学生，若被触碰到，则进行若干体能练习，规定时间后交换角色。

4. 同心同步

学生 4 ~ 8 人一组，每组成纵队站立，用布条将一根长 2 ~ 4m 的竹竿绑在右（左）脚踝处，大家相互搭肩或扶腰准备。发令后，小组成员齐心协力，步伐整齐共同前行，率先到达终点的组为胜。

建议：可以用两根竹竿，分别绑在两只脚的脚踝处，以增加游戏难度和挑战性。

5. 跳转盘

准备一根长约 3m 的竹竿，学生围成直径约 5m 的圆圈，指定一人手拿竹竿一端站于圆心，竹竿的另一端着地。游戏开始后，手拿竹竿的学生按照逆时针方向，遵循先慢后快的原则，横扫站立于圆圈上的学生，当竹竿快要通过自己脚下时，圆圈上的学生以单脚或双脚跳的形式跳过竹竿，避免与竹竿接触，若碰及竹竿，则与持竿者互换角色继续游戏。

6. 不倒森林

学生 4 ~ 10 人一组，间隔约 1m 围成圆圈，人手一根竹竿立于地面。发令后，学生松开自己手中的竹竿，同时顺（逆）时针移动扶相邻队友的竹竿，依次循环。每次移动未有竹竿落地为挑战成功，否则为挑战失败，看哪组先完成规定的成功次数。（图 10-31）

图 10-31

7. 相互扶持

将两根长竹竿相距适宜距离平行或成"八"字形摆放，学生两人一组，面对面站立于竹竿一端外侧（"八"字形竹竿，站在两根竹竿的近端），掌心相对互相支撑，然后从竹竿的一端移行至另一端，中途双手不能分开，双脚不能越过自己前面的竹竿，如果双手分开或者双脚越过竹竿，则回到起点重新开始。（图 10-32）

图 10-32

建议："八"字形摆放的竹竿，宽端的距离要适宜，不要过远，避免超出学生的能力范围。

8. 合作跳竿

学生 3 人一组，两人各持竹竿一端面对面站立，竹竿置于练习者膝关节高度，练习者跳过竹竿后，迅速转身再次跳回，如此反复进行，直到完成规定的跳跃次数，然后与一位扶竿者交换角色，以同样方法进行，直到所有人都完成规定的跳跃次数为止，看哪组最先完成。（图 10-33）

图 10-33

建议：可以采用单脚跳跃；竹竿高度应当降低，要在学生的能力范围内。

9. 合作仰卧起坐

学生 2 ～ 10 人一组，平躺在垫子上，所有人屈臂抓握一根直径 3 ～ 10cm、长 2 ～ 5m 的竹竿放于胸前，多人同时完成仰卧起坐，可进行规定时间或次数的比赛。教师可安排辅助者帮忙按住练习者的脚踝。（图 10-34）

图 10-34

10. 夹汤圆

学生均分成若干组，站在起点线后，在各组起点前放两个相距一定距离的胶圈，在其中一个胶圈内放置一个沙包（作汤圆）。发令后，第一名学生手拿两根长约 1m 的竹竿跑至沙包处，用竹竿夹起沙包运到另一个空的胶圈内，然后将竹竿交于下一名学生，下一名学生再将沙包夹回原来胶圈，以此类推，直到最后一名学生完成为止，看哪组先完成。（图 10-35）

11. 赶猪进圈

学生均分成若干组，每组学生轮流出发，手持一根竹竿或双手持一根竹竿，跑到中间大圆内，将大圈内的实心球用竹竿赶到本组的圈内，在规定时间内赶入实心球数多的组胜。（图 10-36）

图 10-35

图 10-36

12. 竹竿拔河

取一根长 3m 左右的竹竿，学生两人一组，面对面站立，握住竹竿的两端，竹

竿中间挂一标记作为中线。发令后，看谁先用竹竿把对方拉过界。（图10-37）

13. 骑竹马

学生两手握竹竿的一端，骑于竿上，竹竿另一端触地，双脚跳跃或跑步向前移动，先到达目的地者为胜。（图10-38）

图10-37   图10-38

14. 合作抓竿跑

多人合作手握一根竹竿，横向或纵向直线跑动，也可以沿着设置的标志筒做"S"形、"8"字形、"O"形跑，最先完成的组为胜。（图10-39）

15. 掷枪投准

将呼啦圈垂直固定在一定高度上（平面朝向投掷线），学生站于一定距离处的投掷线后，

图10-39

将一根长约2m的细竹竿向目标圈投出，每人投掷规定次数，看谁投中次数多。

16. 接力扶竿

一名队员手扶一根长2～3m的竹竿立在折返点，发令后，同队队员跑到折返点手握竹竿将其换下，原持竿人跑回起点与下一人击掌接力，以此类推，全队队员均折返跑一次为止，看哪队最先完成。要求比赛中竹竿不得倒地，否则视为失败。

十一、纸杯（塑料杯）在体育教学中的运用

纸杯（塑料杯）是生活中常见的物品，它具有轻便、不易摔碎、造价低等特点。纸杯（塑料杯）在体育教学中的合理运用，不仅可以增加体育教学的趣味性，激发学生的学习兴趣，还能开发室内体育教学的新方法，减少特殊天气等原因对体育教学造成的影响。

（一）在室内游戏中的运用

1. 吹吹乐 1

在课桌两端约 10cm 处画两条标志线，分别作为起点线和终点线，学生站于课桌起点线一端，将一个纸杯倒扣在起点线上。游戏开始后，学生在身体不触碰纸杯的情况下，用嘴巴吹气使纸杯向前滑行，若途中纸杯掉落或被吹倒，须捡起或扶起纸杯，重新倒扣于失误处继续游戏，先将纸杯吹过终点线者获胜。该游戏有助于提高学生的肺活量。（图 11-1）

图 11-1

2. 吹吹乐 2

用剪刀在纸杯开口处剪一个缺口（大小能通过乒乓球）作球窝。学生站于课桌一端，将球窝面向学生倒扣于课桌另一端。游戏开始后，学生将乒乓球放在课桌边沿处，在身体不触碰乒乓球的情况下，用嘴巴吹气使自己的乒乓球向前滚动，若途中乒乓球掉落，须捡起放于失

图 11-2

误处继续游戏，先将乒乓球吹进自己的球窝者获胜。可增加难度，如连续完成多个球进窝。该游戏有助于提高学生的肺活量。（图 11-2）

3. 搭杯比高

单人或多人一组，将若干个纸杯垒成金字塔状，在规定时间内，看谁垒得又高又稳。可增加难度，如减少时间或者增加纸杯数量。该游戏有助于提高学生的

动手能力和判断能力。（图 11-3）

4. 对号入座

在纸杯底部和纸板上分别标注数字 1 ~ 24，将纸杯倒扣，打乱数字顺序，放于标注数字的纸板边。游戏开始后，学生将标注数字的纸杯一一对应盖在数字纸板上，用时最少者获胜。可增加难度，纸板上标注的数字由顺序编写改为无序编写，或者将纸杯数量酌情调整。该游戏有助于提高学生的专注力、灵敏性。（图 11-4）

图 11-3

5. 猜拳夺杯

学生两人一组面对面坐立，桌子中间放一个纸杯，杯口朝下，两人进行猜拳游戏，赢者需要迅速拿起纸杯，输者则去打纸杯，如果纸杯未被打落，赢者得 1 分，反之则输者得 1 分，然后游戏继续，采用积分制，先得 5 分者为胜。该游戏旨在提高学生的快速反应能力。

图 11-4

6. 杯子舞

杯子舞是一个团队合作项目，随着美妙的音乐响起，学生席地而坐，利用手中的杯子，集体配合，通过翻、传、扣、击掌等方式玩转杯子，让人眼花缭乱。

杯子舞主要以两节（各 7 拍）为主线，可自行进行延伸变化。第一节（共 7 拍）：拍手 2 次，拍桌子 3 次，拍手 1 次，拿起杯子放桌上；第二节（共 7 拍）：拍手 1 次，右手反手拿杯子（拿起后杯口向上），磕手，磕桌子，放在左手，右手放在桌子上，左手翻转（使杯口向下）倒扣在右手的右侧。该游戏旨在提高学生的记忆力、动手能力及专注力。（图 11-5）

图 11-5

7. 弹球入杯

学生两人一组，桌子中间放若干个纸杯，猜拳决定先后，赢者站在桌前手拿乒乓球，用适当的力度向桌面掷球，使球反弹后落入杯中，如球入杯得1分，球未入杯，记零分。学生轮流掷球，五轮后统计总得分，分高者胜。该游戏旨在提高学生的空间判断能力和控球能力。

8. 俯撑垒塔

学生每人6个（10个、15个、21个、28个）纸杯逐个并排放在地上，俯撑在纸杯前准备，发令后，将纸杯垒成3层（4层、5层、6层、7层）金字塔状，看谁垒得又快又稳；也可以在垒成金字塔后，快速将纸杯收成一摞。（图11-6）

图11-6

9. 空中保龄球

在地上放置10个纸杯，底层4个，往上依次为3个、2个、1个，学生站在2m外的投掷线处，以乒乓球为保龄球进行投掷，比一比谁击落的纸杯多。可增加难度，如增加距离或者减少投掷次数。该游戏旨在提高学生的判断能力及投掷能力。

10. 迷你篮筐

用胶带将篮筐（纸杯）粘在适当高度的墙壁上。学生站于离墙1～3m处，用乒乓球完成10次投篮，看谁投中次数多（乒乓球可以用小纸球、瓶盖等小物体代替）；也可以一人拿纸杯，另一人拿乒乓球，进行抛接。该游戏旨在提高学生的身体协调性和掷准能力。（图11-7）

图11-7

11. 抬罗汉

学生两人一组面对面站立，两手分别抓住两根筷子的一端，将纸杯放于两根筷子中间。游戏开始后，在手不触碰纸杯的情况下，看哪组走得远，若纸杯掉落

则为失败。可以在纸杯中放些小物体，以增加
重量。该游戏旨在提高学生的平衡能力和合作
能力。（图 11-8）

图 11-8

12. 纸杯翻身

学生 2 ~ 6 人一组，每人一个纸杯，猜拳
决定出场顺序；第一人将纸杯竖立在桌面边沿
（杯底露出桌子边沿少许）或倒扣在桌面边沿
（杯口朝下），然后把手指放于露出桌面边沿
的杯底处，用适当的力向前上方拨起纸杯，让
纸杯在空中翻转 180° 或 360° 后立在桌面上为
成功，每人尝试一次，轮流进行，看谁最先成功。
也可进行接力比赛，前一人翻转成功后，下一
人方可继续，看哪组最先完成。（图 11-9）

13. 三子连线

在桌子上画一个九宫格，用两种颜色的纸
杯作棋子，学生 3 人一组，每人一个纸杯，两
组之间采用接力方式进行对阵（双方各执一色
纸杯），看哪组先三子连成一条线。

建议：①接力落子的距离为 1 ~ 3m，具
体根据室内空间酌情调整；②每人在落子前，
可先完成一次纸杯翻身，以增加游戏的趣味性。
（图 11-10）

图 11-9

图 11-10

14. 竞技叠杯

竞技叠杯是一项新兴的个人或团体运动，这项运动要求学生以最快的速度把
杯子按规律叠成金字塔状后还原，可提高学生的手眼协调性、敏捷性和专注力，
也能培养学生的自信心和团队合作能力。竞技叠杯有单人项目和双人项目，单人
项目有以下三种玩法。

（1）3-3-3叠法：9个杯子分成3叠，每叠3个（图11-11）。游戏开始后，依次从左到右把杯子叠成3个金字塔（图11-12），然后再把每个金字塔还原成图11-11。

图11-11　　　　　　　　　　　　　　　　　图11-12

（2）3-6-3叠法：12个杯子分成3叠，左边3个，中间6个，右边3个（图11-13）。游戏开始后，依次从左到右把杯子叠成金字塔（图11-14），然后再把每个金字塔还原成图11-13。

（3）Cycle（花式循环）：12个杯子，先完成3-6-3（图11-13），再完成6-6，然后是1-10-1，最后还原成3-6-3。

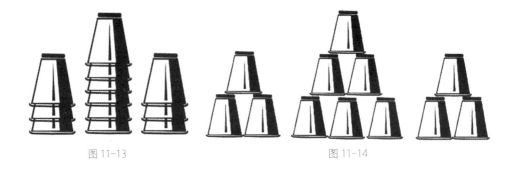

图11-13　　　　　　　　　　　　　　　　　图11-14

（二）在室外游戏中的运用

1. 合纵连横

学生分成两组，每组3人，每人一个杯子，站在起点线后面，同一组学生用一种颜色的杯子。游戏开始后，两组学生依次交替跑向终点的九宫格，摆放杯子，3人全部放完杯子后，改成移动杯子，3个杯子先连成一条直线的组获胜。

2. 步步为营

在杯子的底部写上数字1～8，在终点处放置杯子，底部朝下，学生均分成若干组，每组第一名学生从起点出发，跑到终点后翻找写有数字 1 的杯子，找到后倒扣跑回，触碰第二名学生的右肩膀，第二名学生跑出，找到写有数字 2 的杯子，倒扣后跑回，以此类推，最先按顺序完成数字 1～8 的杯子全部倒扣的组获胜。

3. 南水北调

学生均分成若干组，每名学生手握一个装有 30～100mL 水的杯子。发令后，各组第一名学生跑向 20～50m 外的终点，将水倒在终点的刻度杯内，返回起点用手触碰第二名学生的右肩膀，第二名学生跑出，以此类推，在规定时间内，看哪组运水最多。（图 11-15）

图 11-15

4. 高楼大厦

学生均分成若干组，每组学生依次从起点出发，手拿一个纸杯，奔跑至距起点 30m 处的终点，再将手中的纸杯向上叠加，全组协作来建大厦。跑回时需要触碰下一名学生的右肩膀，下一名学生才能跑出，以此类推，以建大厦最高或用时最少的组为胜，如大厦倒塌须由当时的学生重新搭建。

5. 紧急集合

学生均分成若干组，站于起点线后面，排头学生拿篮球。起点与第一个杯子相距 10m，然后每个杯子相距 1.5m，最后一个杯子与终点相距 2m，终点放置一张桌子。发令后，第一名学生运球跑出，用低运球的方式拿起一个杯子后，用高运球的方式到终点，将杯子放到桌上，然后运球返回，触碰第二名学生的右肩膀，再由第二名学生完成接力。全组按顺序依次出发，率先将所有杯子成功运送到终点的组获胜。

6. 疯狂翻转

学生均分成 A、B 两组，人手一个杯子，站于起点线后面，两组学生先将杯子随意（或有序）立放在规定区域内，其中 A 组杯口朝上，B 组杯口朝下。发令后，两组排头分别跑至区域内翻杯子，其中 A 组学生将杯口朝下的杯子翻转

180°（杯口朝上）扣回原地，B组学生则将杯口朝上的杯子翻转180°（杯口朝下）扣回原地，每人每次只能翻转一个杯子，然后折返与下一名学生接力。在规定时间内清点各自的杯子数量，杯子数多的组获胜。

建议：可以给双方各增加5～10个杯子，让游戏变得更为激烈与有趣。

（三）在体能练习中的运用

1. 顶物竞走

学生将杯子倒扣在头上，在手不触碰杯子的情况下，采用侧身走、踮脚尖走、脚跟走、蹲着走等方式，看谁先走完全程。在行走中若杯子掉落，须停下将杯子捡起重新放好后再继续。（图11-16）

图11-16

2. 摸高

在细绳一端系上小木棍，再在杯子底部挖个小洞。细绳由内向外从纸杯中间穿过，然后将绳吊杯悬挂高处作为摸高的目标物。

3. 举"冰淇淋"跑

学生手持杯身（一个杯子或若干个杯子叠放），在杯口放置一个排球或篮球，在手不触球的情况下从起点奔跑到终点，用时短者获胜。要求在途中球不离杯。

建议：也可设计成折返跑接力的形式。
（图11-17）

图11-17

4. 一抛一接

学生两人一组，一人拿纸杯，另一人拿轻物（如纸团、乒乓球等），相距约2m，一人投掷轻物，另一人用纸杯接轻物。

5. 快乐跳跳虎

在场地上放置若干个纸杯，学生原地单、双脚左右或前后跳过纸杯（图

11-18），或进行行进间连续跳跃纸杯练
习（图 11-19）。

图 11-18　　　　图 11-19

6. 俯撑翻杯

若干个杯子间隔一定距离横向摆放，
杯口朝上，学生从第一个杯子旁俯撑开始，
依次移动将杯子翻转 180°，直至翻完全
部杯子，起立结束。也可增加难度，来回
移动一次或者移动后做俯卧撑再翻杯子。
该练习可锻炼学生的上肢力量和腰腹力量。
（图 11-20）

图 11-20

7. 吹杯移行

用笔尖在纸杯底部中心扎一个小孔，
再取 3～10m 长的细线穿过小孔。细线
两端固定在学生胸口高度的固定物上，且
拉直呈水平状（也可让两名学生拉住细线
两端），将杯子移动到细线一端且杯口
朝向学生准备。学生用力向纸杯内吹气
让纸杯前进，看谁将纸杯吹到另一端用
时最少。该练习可提高学生的肺活量。
（图 11-21）

图 11-21

建议：可以将细线拉成斜状，根据学
生能力调整倾斜角度，角度越大则难度越大，但细线的倾斜角度要适宜，不得出
现纸杯倒滑的现象。

（四）拓展运用

1. 作接力物

将杯子当作接力物，学生进行各种接力练习或比赛。

2. 作标志物

在田径教学中，杯子可以作为起、终点的标志物，也可以作为折返跑的折返点。在篮球教学中，杯子可以作为行进间单手低、高手投篮中三步的标志点；在低运球、左右运球、体前变向等需要降低重心的练习中，可放置一个杯子，学生去触碰杯子，以达到降低重心的目的。杯子还可以运用于乒乓球的发球、旋球等打点练习。

3. 作障碍物

在田径教学中，将杯子摆成各种图形，学生进行 S 形跑、曲线跑等练习；在篮球教学中，将杯子当作障碍物，学生进行行进间体前变向、转身等练习；在足球教学中，将杯子叠在一起当作标志杆，纵向等距离摆放，学生进行运球绕杆练习。

建议：室外使用塑料杯效果更好。

十二、宣传横幅在体育教学中的运用

宣传横幅（以下简称横幅）作为各类活动的宣传工具，由于成本低廉，又能起到很好的宣传推广作用，因此被广泛使用。活动结束，这些横幅就会被遗弃或闲置在仓库，我们可以将其加工或直接运用于体育教学，让它"变废为宝""一物多用"，这样不仅可以激发学生对体育活动的兴趣，还可以让体育教学更具活力。

（一）在走跑类教学中的运用

1. 合作走

学生成一路纵队，前后间隔一臂距离，横幅两头分别绑在第一名学生和最后一名学生的脚踝上，中间学生将横幅绕脚踝一圈，或间隔每 0.5m 缝上一个橡皮筋圈，分别套在学生同侧脚踝处，后面学生双手搭在前面学生肩上。听到"开始"口令后，全体步伐一致向终点行进。（图 12-1）

2. 鸭子走

学生成一路纵队，前后间隔一臂距离，双手分别抓握横幅的左、右两边，举过头顶，成全蹲姿势。听到"开始"口令后，全体配合向前蹲走。（图 12-2）

图 12-1　　　　　　　　　　　　图 12-2

3. 负重走

学生三人一组，横排站立，中间学生双脚踩在横幅中间，双手各搭在左右同学的肩上，左右同学分别将横幅一头挂在外侧肩上，两人合力将横幅连人抬起，离地约一拳，抬向终点。

4. 作起跑限制线

在蹲踞式起跑教学中，为纠正学生起跑过早抬起上体的问题，教师可在起跑线前 1 ~ 3m 处，从低到高按一定距离拉 2 ~ 3 条横幅，让学生从横幅下方跑过，体会逐渐起身的过程。

5. 作起跑线

在起跑教学中，将横幅剪成小布条，学生每人一条，当作起跑线进行起跑练习，既方便又能激发学生的兴趣。

6. 作终点标志线

在练习终点冲刺跑时，为强调压线动作，教师可利用横幅作为终点标志线，让学生练习终点压线动作，体验撞线的喜悦，调动学生练习冲刺的积极性。

7. 追逐跑

将若干条横幅头尾相连围成一个直径 5 ~ 10m 的圆圈；学生两人一组，同向相距约 3m 站在圆圈外边上。发令后，两人先后向前跑出，后者在规定圈数或时间内追拍到前者为胜，过程中不得踩到横幅或跨越横幅。

8. 跨栏板

将栏板取下，把横幅剪成 10cm 宽绑在栏板区，让初学者进行跨栏练习，不仅降低了危险程度，还消除了学生的恐惧心理。

9. 合作跑

学生两人一组，各持横幅的一端进行合作跑，看哪组在不脱节的情况下先完成规定距离。

10. 贴胸前跑

将横幅剪成边长约 30cm 的方块或 20cm × 30cm 的长条，放在胸前快速跑，利用风的阻力让横幅贴在胸前，看谁跑完规定距离且横幅不掉落。（图 12-3）

11. 角力高抬腿跑

学生两人一组，背对背相距 2m 站立，中间画一条线，将横幅两头连接，形成一个牢固的圈，套在两人的腹部，

图 12-3

两人同时做快速高抬腿跑，先将对手拉过线的胜出。（图12-4）

12. 阻力跑

学生两人一组，辅助者在后拉紧横幅两头，练习者在前将横幅套在腹部位置，尽量克服阻力向前跑，辅助者可以根据练习者情况调整拉力大小。（图12-5）

13. 原地高抬腿

在多人高抬腿教学中，为提高练习效率，身高相近的练习者成一列横队站立，两名辅助者在练习者大腿抬平位置上方拉一条横幅。练习高抬腿时要求每次抬腿触到横幅，以发展髋关节力量及抬腿意识。

图12-4

图12-5

（二）在跳跃类教学中的运用

1. 连续跳跃

按不同间距在地面铺上横幅，学生根据自身能力选择适合自己的间距，进行各种双（单）脚前、后、左、右的跳跃练习；还可多名学生拉紧多条横幅，进行一定高度（10～30cm）的连续跳跃练习。

2. 合作蹲跳

学生8～10人一组排成纵队，前后间距为一臂，双手抓横幅两边举过头，采用半蹲或全蹲姿势合作向前跳。

3. 作限制线

在急行跳远教学中，为纠正起跳角度不当的问题，可在起跳区前1.5～2m处横拉一条高40cm的横幅，要求学生起跑后越过横幅。

4. 作跳绳

将横幅裁剪成需要的长度并拧成螺旋状，代替跳绳进行跳短绳或长绳练习。

5. 竹竿舞

将横幅拧成条状代替竹竿，进行跳竹竿舞的练习，既安全又方便。

6. 摸高

将横幅剪成布条，挂在篮圈或其他不同高度的固定物上，学生进行摸高练习。学生可根据自己的能力，摸不同高度的布条，从而增强自信心。

（三）在投掷类教学中的运用

1. 纠正出手角度

在实心球、垒球、铅球等投掷类教学中，为解决出手角度的问题，可在投掷线（圈）前适宜位置横拉一条一定高度的横幅，要求学生将投掷物从横幅上方掷过。

2. 横幅球

取一段横幅揉成团，外面用横幅包裹，并打结或用胶带缠绕固定，便制成了一个横幅球，可用于投远、投准、抛接等游戏。

3. 流星球

将横幅剪成 1m 的长度，再用胶带将纸团固定在横幅一端，学生手抓横幅另一端进行各种抛接练习。

（四）在体操类教学中的运用

1. 作挑战带

在做肩肘倒立时，可在垫子上方拉几条高度不同的横幅，要求学生在练习时用脚尖去触碰它，这样既可规范动作，又可激发学生的练习兴趣。

2. 作参照带

在侧手翻教学中，可以将横幅剪成条状放置于地上或拉成一定高度，作为学生侧手翻时的参照物。

3. 作舞带

在艺术体操教学中，学生手持横幅剪成的布条，采用各种方式挥舞布条，进行艺术体操练习。

4. 作辅助带

在前滚翻教学中，可采用双腿夹横幅和下巴夹横幅等方式，纠正在前滚翻过程中容易出现的分腿和头顶垫的错误动作；还可以采用腹部夹横幅的方式，解决团身不到位等问题。

5. 作标志带

在鱼跃前滚翻教学中，将横幅放置在适当的位置，学生进行腾空从横幅上越过后接前滚翻的练习，既能提高学生练习的积极性，又便于学生改进技术动作。

6. 作提拉带

在跳山羊、跳箱教学时，为解决学生踏跳时提臀不高、伸髋不充分的问题，可以取长 3m 左右的横幅，由两名辅助者帮助横拉横幅站在踏跳板两侧，横幅中间放于练习者的腹部。练习者做原地支撑提臀回落练习，当练习者支撑跳起时，两名辅助者顺势向上提拉横幅，给练习者一个向上的推力，让练习者更好地体验提臀伸髋动作。

7. 作安全带

在初学杠上前滚翻成分腿坐练习时，将横幅固定在双杠两边的横杠上，既能保护学生，又能减少学生害怕掉杠的恐惧心理。

（五）在球类教学中的运用

1. 替代球网

在排球、羽毛球教学中，一条横幅能当简易球网使用，以暂时满足教学需要。

2. 封闭球网

将横幅固定在排球网上，挡住学生视线，学生可以进行对垫、对传等练习，也可以进行排球比赛。（图 12-6）

图 12-6

3. 分隔球门

在足球门上用横幅拉出"十""卄""井"字形,将足球门均分成四格、六格、九格,学生进行射门的角度、方向和准度练习。

4. 作限制线

在篮球低运球练习时,横拉若干条一定高度的横幅,要求学生低身运球过横幅,用来控制学生重心,帮助学生学习正确的低运球动作。

(六)在攀爬类教学中的运用

1. 穿越铁丝网

将若干条横幅剪成布条编织成铁丝网,固定在离地面 40 ~ 70cm 高的位置,学生在身体不触碰布条的情况下,采用低姿、侧身、高姿匍匐前进通过一定距离的铁丝网。

2. 钻地道

将若干条横幅剪成布条,固定在离地面约 1m 高的位置,形成一个地道,学生弯着身体连续经过全部布条,先完成者获胜。

3. 爬绳

将 3 条横幅结成一条三股麻花辫状的绳子,将其两端固定在适宜的高度,下面铺放体操垫,学生进行爬绳练习。

(七)在体育游戏中的运用

1. 大渔网

挑选两人充当捕鱼者,其他人充当鱼儿,两名捕鱼者各拉 2m 长横幅的一端作为渔网,在规定的场地内围捕鱼儿,被渔网触碰即视为被捕,随即到场外等候,在规定时间内合作完成捕鱼任务即捕鱼者胜,反之鱼儿胜。

2. 看谁先移动

将一条横幅剪成约 1m 长的布条,学生两人一组面对面相距 1m 站立,用右手各持布条的一端，通过拉、扯、放等方法，用巧劲使对方先移动脚步，横幅被拉走或先移动者为失败。

3. 横扫千军

指定两人作拉横幅人，其余学生站成多路纵队，拉横幅两人在队伍前面的两侧，半蹲横拉一条拖地横幅。游戏开始后，两人拖着横幅向队尾慢跑，当横幅靠近时，中间的人要依次起跳，避免被横幅碰到，如此反复若干次，被横幅碰到者与拉横幅人交换角色。（图12-7）

图 12-7

4. 舞龙

一条横幅即一条长龙，学生多人间隔一定距离手持横幅置于头顶，以形式多样的跑、跳、绕、钻等姿势进行舞龙活动。

5. 后仰过桥

将横幅拉成不同高度的几个区域，学生自选高度，身体后仰依次通过横幅，要求通过时身体不能触碰到横幅，且不得侧身，膝关节、臀部不允许着地。

6. 车轮滚滚

将横幅头尾相连缝合成圆形，学生6～8人一组站于横幅内，双手拉动头上横幅同时齐心协力向前移动，使横幅像车轮一样向前滚动，先到终点的组获胜。（图12-8）

图 12-8

7. 空中飞球

将横幅裁成边长约为1m的方布巾，两人一条，分别持布巾的相邻两个角，在布巾上放一纸球，两人协调用力，利用布巾的弹力使纸球向上方飞起，等纸球下落时接住再继续使其向上飞，如此循环进行，看哪组连续抛接纸球次数多。

8. 运输带

学生多人一组从高到低拉紧横幅，运用落差将球或轻物从横幅一端运至横幅另一端，先完成规定数量物品运送的组获胜。

9. 裹横幅

学生躯干缠绕一圈横幅并平躺于横幅上。游戏开始后，学生迅速向同一方向滚动身体，将自己包裹于横幅之内，可进行比赛，先裹完的人获胜。（图 12-9）

建议：学生由躺着缠绕包裹改为站着缠绕包裹，这样就需要其他伙伴合作拉住横幅来完成。

图 12-9

10. 飞地毯

学生多人一组，每组指定 1 ~ 2 人作拉横幅人，其他队员站在横幅上，在统一口令下，站在横幅上的队员同时起跳，拉横幅人利用队员腾空跳起的瞬间向前拉动横幅，如此反复进行，先到达终点的组获胜。（图 12-10）

图 12-10

11. 圆圈拔河

将横幅两头打成绳结，形成一个牢固的圆，两人或多人用腰部进行角力拔河；借鉴"藏式拔河"，先将一条横幅两端打一个带圈（图 12-11），然后将带圈分别套在两人脖子上，从胯下穿过，背向拉爬，先拉过指定区域即为胜出（图 12-12）。

图 12-11

图 12-12

12. 踩蛇尾

学生两人一组，一人持横幅一头快速抖动，让它在地面像蛇一样游动起来，另一人用脚去踩游动的蛇尾，踩中后互换角色。

13. 抓尾巴

每名学生在后裤腰上塞一条 10cm×30cm 的横幅，露出一小截在外作尾巴，学生两人或多人一组在规定区域内互相抓对方的尾巴，可进行限时赛。（图 12-13）

图 12-13

14. 多足走

2～5 名学生排成横队，将相邻腿在脚踝处用一截横幅系好，进行合作走和跑的练习。

15. 横幅赶猪

学生两人一组，将横幅裁剪成合适的长度，两人各拉横幅的一端，用横幅将猪（实心球）赶到终点，先赶完的组获胜。

16. 跳篱笆

学生均分成若干队，每队两人一组拉一条小横幅，相隔 1m 蹲下搭成多个篱笆。游戏开始后，第一组的两名学生在跳完前面的全部篱笆后，在相距最后一组 1m 处快速搭篱笆，第二组的两名学生出发，依次进行，先完成的队获胜。

17. 阻力伞

将横幅剪成宽 5～10cm 的布条，在布条的一端系上 1～3 个包装袋，学生握住布条的另一端快速向前跑，让包装袋兜风飞舞起来，像打开的阻力伞，看谁的包装袋飞舞时间最长。

18. 飘带飞舞

将横幅剪成宽 10～30cm 的布条，取 3～10m 长，将其一端系在学生腰上，剩余布条放在身后，然后学生快速向前奔跑，让背后的布条在空中飞舞起来，在布条不拖地的情况下，看谁的布条飞得高、飞得久。

19. "井"字运物

学生 4 人一组，将 4 条横幅拧成螺旋状并组成"井"字，每人抓布条的两端把布条拉直，上面放一物，4 人合作将物品运至终点，物品不落地且速度快的组为胜。

20. 搭桥过河

将横幅剪成 50cm 长的布条，学生 4 人一组，每组 5 块布条，拼成浮桥，全体上桥。游戏开始后，排尾将最后一块布条传递给排头，排头向前铺架浮桥，组员依次前移，空出的布条继续向前传递并铺架浮桥，以此类推，看哪组先到达对岸。

21. 龙卷风

将横幅一端固定在篮球架或排球架的立柱上，学生手持横幅另一端并拉直。发令后，学生沿逆时针方向连续跑动，将横幅缠绕在中间的立柱上，直到横幅全部缠绕在立柱上为止，看谁的横幅先缠绕完。

22. 大风车

将 2 ～ 4 条横幅的一端固定在圆柱上，形成 2 ～ 4 条射线，按射线数量，每人一条横幅，相隔同等距离将横幅拉成直线站立。游戏开始后，学生按逆时针方向跑动，在规定时间内，在保持横幅拉直的情况下，追上或离前一条横幅距离近者为胜。

23. 来回穿越

学生 5 ～ 10 人一组，其中两人手持一条横幅，其余人成横队站在横幅前。游戏开始后，持横幅两人上举横幅，其他队员从横幅下钻过，持横幅人再将横幅下放，其他队员从横幅上跳过，如此一举一放、一钻一跳循环进行，在规定时间内，看哪组穿越次数最多。（图 12-14）

图 12-14

24. 钻带圈

学生均分成若干组，将一条长约 3.5m 的横幅两头连接，两名学生将连接好的横幅拉成竖立的长方形。游戏开始后，其他学生成纵队依次钻过带圈，看哪组用时少。

25. 缠绕横幅

学生 4 ~ 6 人一组，间隔 5m 站立，各组第一人先将一条长 3 ~ 5m 的横幅缠绕在身上准备。发令后，第一人跑到第二人处，两人合作，将第一人身上的横幅缠绕到第二人身上，依次进行缠绕横幅接力，直到最后一人将横幅缠绕在第一人身上为止，最先完成的组为胜。要求横幅展开缠绕，不能揉成一股缠绕。

26. 条幅挥舞

学生手持横幅一端，奋力将横幅挥至空中，横幅落地慢者获胜。

27. 斗牛士 1

甲、乙两人一组，甲双手持篮球扮作牛，乙双手拿着一块横幅作红布，置于身体一侧扮作斗牛士。游戏开始后，甲双手平举篮球跑向斗牛士举着的红布，通过横幅后，转身再次跑向红布，如此反复若干次后，两人交换角色体验。（图 12-15）

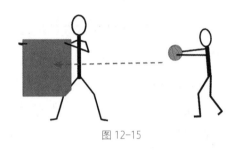

图 12-15

建议：①本游戏以体验为主，不进行比赛；②可以在牛快要接近横幅时，斗牛士不动，迅速移动横幅（向上拉或向身体另一侧移动），以躲避牛。

28. 斗牛士 2

画一个直径为 10m 的圆形场地或边长为 10m 的矩形场地作斗牛场；学生 6 ~ 10 人一组，挑选两名学生分别作斗牛士和牛，其余学生作红布；牛双手持一个篮球作牛角，作红布的学生横拉一条长约 4m 的横幅；牛站在红布的前面，斗牛士站在红布的后面。游戏开始后，牛想方设法把斗牛士撞倒（即篮球触及斗牛士身体），斗牛士则指挥红布移动挡住牛以不被牛攻击到。牛只要牛角碰到斗牛士就算赢，相反如果牛撞到两次红布就算输。（图 12-16）

图 12-16

要求：①作红布的学生双手始终抓着横幅，不能脱节；②斗牛士不能移动；③必须在规定场地进行，否则违规方输。

（八）作为标志物的运用

1. 作点标

在跳高（跳远）教学中，可在起跳点（加速点）处放一小块醒目的横幅，能使学生更准确地踏准点。

2. 作远度标志

在一些以远度决定成绩的项目中，用不同颜色的小块横幅表示不同的成绩标准，使学生一目了然。

3. 作分组标识

在体育教学中，经常要进行分组比赛或游戏，为了便于区分，可以将各种颜色的横幅裁剪成小布条，不同组的学生佩戴不同颜色的布条，有助于学生形成强烈的团队意识。

4. 作标志线

横幅可作为游戏活动的标志线，如立定跳远比远时的挑战线等。

5. 作中点标志

在拔河比赛中，可在拔河绳中间系一小条横幅作为中点标志。

6. 提示

在低年级队列教学中，小学生经常会出现左右不分的情况。为此，学生可以在左脚或左手扎一条小横幅，或两脚（手）各扎一条不同颜色的小横幅代表一左一右，形象直观，便于学生识记。

（九）作为道具的运用

1. 作绷带

在"战地救援"游戏中，用横幅作绷带，对伤员进行简单的包扎。

2. 作眼罩

横幅可用作"捉迷藏"游戏中的眼罩。

3. 作彩带

将横幅剪成长布条，用作彩带舞练习时手持的彩带。

4. 作传递物

横幅可当作接力跑游戏中的传递物。

5. 作担架

将横幅绑在两根竹子上，即可做成一副担架，进行运送伤员的游戏。（图12-17）

6. 作包裹物

将横幅剪成正方形布块，包在报纸揉成的球外，用皮筋扎紧，或打个结，进行"叫号接物""丢沙包""打龙尾""掷远"等游戏。

7. 作拔河绳

将2～3条横幅合并拧成螺旋状作拔河绳，可用于2～8人的对抗拔河比赛。（图12-18）

图12-17   图12-18

8. 作柔韧拉伸带

将横幅剪成120cm×10cm长的布条，学生前腿成弓步，后腿膝关节跪垫，将布条套住后脚踝关节部位，双手拉横幅向前缓慢做拉伸练习；或仰卧于垫上，抬起左（右）脚伸直，将布条套在跟腱部位循序渐进做拉伸练习；或单腿站立，双手拉布条将另一脚上提并盘于体前，注意在练习过程中力量要适中。

9. 降落伞

　　将横幅剪成边长为 20 ～ 80cm 的正方形，然后在 4 个角分别系上一条细绳，将 4 条细绳的另一端合并固定一个小沙包或纸球，就制作完成一个简单的降落伞。学生先将降落伞收拢叠放，然后用力将降落伞向上抛起，使降落伞打开并徐徐下降，看谁的降落伞滞空时间最久。（图 12-19）

图 12-19

十三、手套在体育教学中的运用

手套按制作方法划分有缝制、针织、浸胶等；按制作材料划分有棉纱、毛绒、皮革、超纤、布料、橡胶等；按指部外形划分有分指手套、连指手套、半指手套、三指手套等。在体育教学中利用较多的有棉纱劳保手套、半指手套、拳击手套、纯棉白色手套，它们在体育教学中不仅具有保护双手、装饰、增加摩擦力、激发兴趣等作用，还可以用来开展一些妙趣横生的教学游戏与体育活动，既能丰富体育教学内容，又能激发学生学习的积极性，让体育课堂更具活力。

（一）在田径教学中的运用

1. 醒目功能

在径赛项目比赛时，发令员戴上白手套，既可保护手，防止烟灰粘在手指上，又可让计时员更清晰地看到发令举枪动作，确保计时更准确。

2. 投掷练习

将手套结成团当作轻物进行掷远、投准练习，也可进行两人互抛互接等练习。可以往手套里面塞入废纸，以增大手套的体积，便于更好地抓握。

3. 步频、步幅练习

将若干手套按一定距离放置成一排，作为学生练习步频、步幅的标志物。

4. 作接力物

用手套代替接力物进行各种接力跑。

（二）在球类教学中的运用

1. 检验

在篮球运球时，学生戴上白手套运球，以此检验学生手掌心有无接触球（图13-1），从而使学生形成正

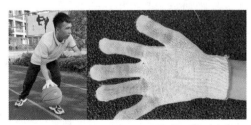

图 13-1

确的手掌运球动作；同样，也适用于排球传球的手形练习。

2. 护球

学生在右（左）手运球时，左（右）手戴上手套，增强护球意识。

3. 保护

在棒球训练时，戴上专业手套有利于保护双手。

4. 保暖

在冬天的足球训练或比赛时，学生戴上手套，可以起到保暖的作用。

（三）在体操类教学中的运用

1. 提示

在低年级队列教学中，小学生经常会出现左右不分的情况。为此，学生可以右手戴一只手套，或两手分别戴白、黑手套代表一左一右，如在齐步走时，配合"左—右—左，白—黑—白"，形象直观，便于学生识记。

2. 防滑

在单（双）杠练习时，学生戴上手套，可以起到吸汗防滑的作用。

3. 夹物

在前滚翻教学中，为了更好地体验低头含胸、团身动作，学生可以将手套夹于下巴或两腿之间进行练习。

（四）在体育游戏中的运用

1. 红绿灯

教师两手各戴红、绿手套一只，红色代表红灯，绿色代表绿灯；游戏开始后，教师两手不定时举起，学生看指示，红灯停，绿灯行，闯红灯违反交通规则的回到起点重新开始，在规定距离内，先到达终点的胜出。

2. 拍击空中球

将橡胶薄手套吹足气打上结做成一小球，游戏开始后，学生可以用身体任意部位拍击球，使球不落地，在规定时间内球不落地的为胜。

3. 丢手绢

在丢手绢游戏中用手套代替手绢。

（五）拓展运用

1. 作装饰

在广播操比赛时，戴上棉白手套，增强视觉效果，增加动作的整齐度；在健美操比赛时，戴上半指手套作为点缀。

2. 作标记

在接力比赛时，可要求各队的最后一名队员戴上棉白手套作为标识，让裁判员更加醒目地看到比赛的进程，便于比赛名次的判定。

3. 拳击套

在武术教学中，学生戴上手套，作为拳击套，可以起到保护的作用。

4. 爬行保护套

手足爬行（双手、双足着地爬行）是一项有健身功能的全身性协调活动。为了保证双手不受伤，学生可以戴着手套进行横向爬行、纵向爬行、跪爬等练习。（图 13-2）

图 13-2

十四、扑克牌在体育教学中的运用

扑克牌是一种在生活中常见的游戏道具，标准的扑克牌尺寸为 5.7cm×8.8cm，其他还有一些比标准尺寸大 4～9 倍不等的游戏类扑克牌。扑克牌具有轻便、常见、安全、易携带等特点，把扑克牌合理运用到体育教学中，能为体育课堂增光添彩。

（一）在常规教学中的运用

1. 抽签分组

学生随机抽取一张扑克牌，按照相同的数字或花色组成一个合作小组，完成教师布置的教学任务。

2. 作标志点

把扑克牌作为标志点，学生进行各种形式的跳跃练习。例如，把扑克牌间隔一定距离随意摆放在地面上（无风环境），学生的脚踩在扑克牌上，进行单脚跳、双脚跳、单跳双落等练习。

3. 作标志尺

把扑克牌作为标志尺，粘贴在墙壁上，高度越高，对应的数值就越大。利用标志尺，学生进行各种形式的摸高练习或比赛。

（二）在室外游戏中的运用

1. 挖地雷

在场地的一端放置同色系 A～10 的扑克牌，学生分成若干组，每组从起点出发，以一路纵队形式向前跑到扑克牌处，排头学生蹲下随机挖（翻开）一个地雷（扑克牌），若翻开的扑克牌是 A，表明挖到了地雷，把地雷翻开放置一边；若不是 A 则盖回原处。翻牌的学生在翻牌时，其余学生依旧以一路纵队形式绕过雷区跑回起点做往返跑。翻牌的学生结束翻牌后起身跑至队尾跟上纵队继续往返跑。翻牌的学生依次按 A ~ 10 的顺序挖出地雷，直至 10 号地雷被挖出为止，看哪组最先完成任务。要求：队伍成一路纵队跑，不得有明显的脱节。

2. 寻宝奇兵

教师课前在学校某些地方放置相应的宝贝（扑克牌）。学生分成若干组，教师给每组发放纸条，上面写着宝贝的藏匿地点。从起点出发，各组按照纸条上的信息去寻找宝贝。第一个宝贝被找到时上方标注有第二个宝贝的相关信息，以此类推，直至宝贝全部被找到，整组立即跑回起点即完成寻宝任务，用时少的组获胜。

3. 25 点竞速接力

学生分成若干组，每组 4 人，站在起点线后，在距离起点约 20m 处放置相同点数的 10 张扑克牌。游戏开始后，每组学生轮流出发，快速跑到终点抽取一张扑克牌，然后折返，哪组先凑齐 25 点为胜。要求：扑克牌 A、2、3、4、5、6、7、8、9、10 分别为 1 点、2 点、3 点、4 点、5 点、6 点、7 点、8 点、9 点、10 点；扑克牌 J、Q、K、大王、小王均为半点。

4. 天生一对

学生分成两组，将两副牌分别发到两组学生手中，每人一张。游戏开始后，第一组学生在规定的区域内跑动，第二组学生去找第一组与自己持相同扑克牌的学生，第一组学生利用跑动或躲闪尽量不让第二组学生找到，第一组学生被拍到就必须给对方看牌，若两人牌面相同，则两人离开场地，反之，继续游戏。到了规定的 2 ~ 5min，在清点配对成功的人数后，双方交换角色继续游戏，最后看哪方配对成功的数量多。

建议：①游戏前，两组发出的牌面及张数要相同；②双方不得离开指定的活动区域。

5. 猜拳竞速

学生站在篮球场一条边线上，每人 5 张扑克牌。游戏开始后，学生随机找一人进行"石头剪刀布"猜拳（图 14-1），负者给胜者 1 张扑克牌，胜者拿到牌后迅速跑向对面边线，继续找人进行猜拳。负者则在原地找人继续猜拳，如此反复进行，直到一人累积到 15 张扑克牌胜出。（图 14-2）

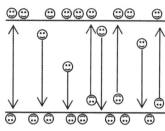

图 14-1　　　　　　　　　　　图 14-2

建议：①若有人输光扑克牌，须到教师处做完指定的体能项目（如俯卧撑 10 个、蹲起 10 个、垫球 20 次等），才能再领取 5 张扑克牌继续游戏；②来回奔跑的距离可以增加，动作可由跑步改为单脚跳、滑步、运球等。

6. 占领九宫格

学生 4 人一组，小组两两对抗；画两条相距约 20m 的平行线分别作双方的起点线，并在起点处放置相同花色 A ~ 9 的扑克牌（对抗两组的扑克牌花色不同）；在两条线中间画一个九宫格。游戏开始后，每组学生轮流出发，可拿任意数字扑克牌填充九宫格，直至九宫格被填满，扑克牌数量多的组获胜。

要求：若数字已被对方占领，则须返回起点换牌并由下一人继续游戏。

7. 飞牌

学生用有利手的食指和中指夹牌（图 14-3）或者中指和无名指夹牌，一般夹住牌的外角，然后弯曲手臂和手腕，将手举到同侧肩膀前，牌与地面平行，然后伸臂弹指将牌甩出去（图 14-4），看谁的牌飞得平、飞得远。

建议：①飞牌前方不允许有人，以免伤到人；②对

图 14-3　　　　　　　　　　　图 14-4

着窗帘飞牌可以减少对扑克牌的损坏；③待动作熟练后可以安排飞牌打靶练习。

8. 投准大满贯

将若干张扑克牌随意粘贴在墙壁上，每张扑克牌间隔一定距离，学生在一定距离外进行手持轻物投准，投中全部扑克牌用时少者获胜。

（三）在室内游戏中的运用

1. 扑克牌游戏

用扑克牌玩一些益智类游戏，如桥牌、21 点等。

2. 分家家

每人一副牌，先洗牌，然后根据教师的提示语言进行快速分类，看谁用时最少。分类方法：①按颜色分类（红色牌、黑色牌等）；②按花色分类（红桃、黑桃、梅花、方块等）；③按数字分类（A ～ 10、J、Q、K 等）。

3. 排排队

每人一副牌，先洗牌，然后根据教师的提示语言进行快速排序，看谁用时最少。排序方法：①按颜色排序（红色—黑色—红色—黑色等）；②按花色排序（红桃—黑桃—梅花—方块—红桃—黑桃—梅花—方块等）；③按数字排序（A—2—3—4—5—6—7—8—9—10—J—Q—K 等）。

4. 接龙

多人参加，将牌发完后，以"红桃 7"为中心牌，持此牌者先出牌，然后以其为中心，按比此牌大 1 或小 1 向两端接牌，轮流进行，先出完牌者为胜。

5. 算 24 点

翻出 4 张牌，学生同时以扑克牌上的点数进行加、减、乘、除四则运算，每张牌仅用一次，使其最终结果为 24 点，先算出者为胜。

6. 多米诺骨牌

将若干张扑克牌沿纵向或横向对折成"∧"形，然后将扑克牌按一定间距排列成行后，轻轻碰倒第一张扑克牌，后面的扑克牌就会依次倒下，看谁能一次性成功。

建议：先摆放简单的图案，后摆放精美的图案。

7. 推推乐

学生 2 ~ 5 人一组，每人一张扑克牌，先猜拳决定出场顺序，然后依次将一张扑克牌放于桌子前沿（扑克牌离开桌子边沿少许），手掌用适宜力度推出扑克牌，看谁的扑克牌推得最远且未落地。负者根据之前约定做一些简单的体能练习。（图 14-5）

图 14-5

建议：可以每人若干张扑克牌，每轮的负者将这张牌给胜者，如此反复进行，若干轮后，看谁的扑克牌先输光，或谁赢得最多。

8. 垒宝塔

选择一个水平桌面，每人 15 张扑克牌，先用 2 张扑克牌对立成 A 字形作塔柱，2 张牌底部间隔约 5cm，找到平衡点，让它们对立稳定不倒即可。如此并列连放 3 个塔柱，两个塔柱尖的距离要保持一张扑克牌的长度，然后把 2 张牌分别盖在两个相连的尖角上作桥面，完成第一层的搭建。按同样方法，第二层叠放 2 个 A 字形，第三层叠放 1 个 A 字形，垒成三层宝塔，看谁垒得快。（图 14-6）

建议：①年龄小者可以先用透明胶带将所需的 A 形扑克牌上端粘好；②可以根据学生的不同年龄，垒 2 ~ 6 层。

图 14-6

9. 快速翻牌

学生分成 4 组，将扑克牌（A、2、3、4、5、6、7、8、9、10、J、Q、K）

按各自花色反扣在各组桌面上，并打乱牌序。游戏开始后，各组第一人迅速跑至本组桌面，翻转其中任意一张牌，如果是扑克牌A，即将牌面朝上放在桌面上，自己马上回到座位，如果不是A，则马上将此牌反扣在桌面上回到座位。第一人回到座位后，第二人马上跑出，重复第一人的动作，以此类推。直到将扑克牌按顺序连续翻开为止，用时最少的组胜出。（图14-7）

图 14-7

建议：①准备的扑克牌要与参与人数一致；②可以安排在室外操场上进行接力翻牌比赛。

10. 空气保龄球

将10张扑克牌沿纵向对折成"∧"形，在课桌上按1、2、3、4竖立摆成三角形。学生站在一定距离外（根据学生年龄大小确定距离），先吸足气，然后用力吹向前方扑克牌，每人一次，最后看谁吹倒的扑克牌张数多。

建议：可以先将对折成"∧"形的扑克牌开口朝前，增加受力面，这样更容易吹倒扑克牌；对于高年级学生可以将对折的开口朝后，减少受力面，这样更难吹倒，以增加挑战难度。

十五、帽子在体育教学中的运用

帽子是一种戴在头部的服饰，具有遮阳、装饰、增温和防护等作用。帽子按用途可分为雨帽、太阳帽、安全帽、旅游帽等；按使用对象和样式可分为男帽、女帽、童帽、少数民族帽、军帽、警帽等；按制作材料可分为皮帽、草帽、毡帽、布帽、针织帽等；按款式特点可分为鸭舌帽、爵士帽、贝雷帽、钟形帽等。它们携带方便，安全实用，帽子在体育课堂上的合理运用，将为体育课堂增添活力与精彩。

（一）在体能练习中的运用

1. 快速归位

学生分成若干组，每组 4 ~ 6 人，头戴帽子围坐成一个圈，每人对应一个数字编号。报到对应数字的学生，逆（顺）时针快速跑一圈回到原位，要求在跑动中帽子不掉，比一比哪组跑得更快。可逐渐增加跑的圈数和人数。（图 15-1）

图 15-1

2. 快速翻帽

学生两人一组，相距 3 ~ 5m 面对面站在标志线后，将各自帽子扣在标志线上。发令后，两人迅速跑出，将对方的帽子原地翻转 180° 后，返回起点再将自己的帽子翻转 180°，然后立即站直举手示意结束，看谁最先完成。（图 15-2）

图 15-2

建议：学生分成甲、乙两队，人手一顶帽子，两队将各自帽子放在指定的活动区域内（甲队帽口朝上，乙队帽口朝下），然后双方退到活动区域外面准备。发令后，双方队员跑进活动区域内，将对方的帽子翻转180°变成本队的帽子，如此你来我往进行无规则运动，在规定时间内，看哪队帽子数量多。

3. 夹帽投远

学生两脚夹住帽子，迅速跳起将帽子向前上方抛出，比一比谁的帽子抛得远。可设置不同的等级线进行挑战，也可在前方放置呼啦圈，看谁在规定时间内夹帽投进圈的次数多。

4. 戴帽接力

学生3人一组，起点2人，折返点1人。游戏开始后，起点1人戴帽跑到折返点把帽子戴在折返点学生头上后站在折返点，折返点学生戴好帽后跑到起点将帽子戴到下一名学生头上，依次进行，看哪组先完成规定次数。

5. 帽子掷远

学生站在起点处，前方设置不同远度的挑战线，学生单手持帽子，进行各种形式的向前投掷挑战。（图15-3）

图15-3

6. 戴帽行走

学生戴好帽子，模仿解放军战士进行敬礼（图15-4）、站军姿等练习，也可进行直线走练习，逐渐从自然走过渡到大步走（图15-5），要求抬头挺胸、目视前方，身体正直平稳。也可以将帽子倒扣在头上（图15-6），沿着直线行走，保持帽子不掉，锻炼学生的平衡能力。

7. 取帽比快

学生两人一组，面对面相距10～20m站立或坐立；在两人

图15-4　　　　　　　图15-5　　　　　　　图15-6

中间放置一顶帽子。发令后，两人迅速跑出去抢中间的帽子，以拿到帽子者为胜，没有拿到帽子者原地做俯卧撑或其他简单的体能练习若干次后，继续游戏。

8. 推帽比远

学生直腿坐在垫子上，两脚分开与肩同宽，将一顶帽子放在两腿中间，然后上体前屈，双手前伸，将帽子慢慢向前推移，看谁的帽子推得远。

9. 顶球行走

学生头戴一顶鸭舌帽，俯身手脚着地，用帽檐将一个垒球顶到指定的位置，看谁最先完成。

10. 俯撑戴帽

甲、乙两人一组，面对面相距一臂俯撑在地上。游戏开始后，甲一手撑地、另一手摘下帽子戴在乙的头上，然后乙同样摘下帽子戴在甲的头上，如此反复进行，看哪组先完成规定的次数或在规定时间内完成次数多。

（二）在体育游戏中的运用

1. 分队合队走

学生排成一路纵队，进行 1、2 报数，喊"1"的学生戴帽子，喊"2"的学生不戴帽子。在齐步走过程中，当听到"分队——走"的口令后，戴帽子的学生左转弯走，不戴帽子的学生右转弯走，成两路纵队沿左右边线绕场行进。当听到"合队——走"的口令时，学生交叉成一路纵队行进（图 15-7）。该练习方法同样适用于并队走和裂队走等队列队形练习。

图 15-7

2. 戴帽比快

学生均分成若干组，每组站成一路纵队，每组前面放置数量与本组人数相等的帽子。游戏开始后，各组第一人迅速拿帽子戴在头上，第一人戴好帽子后，第二人再将帽子戴在头上，依次进行，直到所有人头上都戴上一顶帽子为止，比一比哪组完成速度最快。

3. 你比画我猜

学生两人一组，一人比画一人猜。教师用可擦笔在贴于帽子上的布基胶上写一个体育动作或运动项目的名称，然后将帽子戴在猜者头上（帽子上的名称不能被猜者看见），比画者站在猜者对面，根据猜者帽子上的名称进行肢体比画且不能发声，在规定时间内，看哪组猜对的数量最多。（图15-8）

图 15-8

4. 击鼓传帽子

若干名学生一组，一人击鼓，其他人间隔一臂距离围成一个圈。鼓声响起即游戏开始，拿帽子的学生将帽子沿逆（顺）时针方向戴在旁边学生头上，依次进行，鼓声停，帽子在谁头上或谁手上，谁就表演节目或进行若干个体能练习。

5. 捕鱼

将绳子一端系在帽子正上方，另一端系在竹竿上作捕鱼器。在规定的范围内，3名学生手拉手作为鱼群，中间学生作为大鱼，旁边学生作为小鱼；一名学生持捕鱼器作渔夫去捕大鱼，大鱼的头部被帽子碰到即捕获成功，然后渔夫和大鱼互换角色继续游戏。（图15-9）

图 15-9

建议：可以不设鱼群，所有学生都是独立的一条鱼，渔夫可以捕任意一条鱼。

6. 单脚夺帽

学生两人一组，每人各戴一顶帽子，在规定场地内抢夺帽子，要求学生在游戏中始终保持单脚站立，脚落地或者帽子被夺走即失败（图15-10）。也可多人一组进行团队合作夺帽游戏，被夺走帽子的学生即淘汰，比一比哪组学生能坚持到最后。（图15-11）

图 15-10   图 15-11

7. 快速抖帽

学生每人头戴一顶帽子，利用身体上下跳动的力量，使头顶的帽子脱落，看谁头顶的帽子先脱落，要求全程不借助手且头不能倾斜。

8. 戴帽接力

学生均分成若干组，每组成纵队站在起点线后，各组派一人头戴帽子站在离起点20～30m处的终点作固定人。游戏开始后，各组第一人快速跑出，拿到固定人的帽子后返回交给第二人，第二人跑出把帽子戴回固定人的头上，依次进行。直到最后一人返回起点为止，看哪组最先完成比赛。

9. 帽子趣味加减

在规定场地内，学生头戴编有数字的帽子进行慢跑、跳跃、爬动等各种练习。当教师报出一个数字后，学生采用加减（乘除）法抱团组合后得出相应的点数。（图15-12）

图 15-12

10. 创意大比拼

将帽子放在腹部或背部,学生进行仰撑爬行(图 15-13)、手足爬行(图 15-14)、仰卧推起成桥(图 15-15)等练习,看谁坚持时间久或在规定时间内帽子不掉落。也可以让学生自主创编动作,培养学生的创新意识。

图 15-13 图 15-14 图 15-15

11. 分组标识

在体育游戏中,为方便区分各小组人员,把不同颜色的帽子戴在学生头上,同一个小组戴同种颜色,该方法特别适合在低年级队列队形教学中运用。

12. 帽子接物

学生两人一组,面对面相距 2 ~ 6m 站立,一人手持一顶帽子,另一人将手中的若干个沙包逐个抛向持帽者,持帽者在脚不移动的情况下,用帽子(帽口朝上)接住抛来的沙包,然后两人交换角色,按同样方法,最后计算两人接住沙包的数量,看哪组接住得多。(图 15-16)

图 15-16

图 15-17

建议：沙包可以用垒球、纸球等轻物代替。

13. 帽子套物

在地上放置若干间隔适宜的沙包、垒球等小物品，学生站在一定距离处，将帽子（帽口朝下）抛出去套前面地上的小物品，每人进行 5 ~ 10 次，最后看谁套中得多。（图 15-17）

（三）拓展运用

1. 遮阳帽

在体育教学中要求"三背（背风、背阳光、背干扰）"，这样体育教师就要经常面对太阳进行上课，阳光直接照射眼睛，有可能灼伤视网膜，长此以往，也会给眼睛带来伤害。遮阳帽可以遮挡阳光，保护脸部肌肤免受紫外线的侵害。特别每年 5 ~ 10 月份这段时间，我国多数地区存在气温高、阳光猛、紫外线强的现象，为了保护师生的眼睛和皮肤健康，可以酌情佩戴遮阳帽，如鸭舌帽等大帽檐的帽子。

2. 收纳器

将帽子反过来当作收纳器，放置乒乓球、羽毛球、毽球等一些轻便的器材。（图 15-18）

3. 帽子飞盘

把草帽、渔夫帽等有一圈帽檐的帽子当作飞盘，进行各种抛接游戏。（图 15-19）

图 15-18

图 15-19

4. 帽子标志点

将帽子当作标志点，间隔一定距离摆放，既可以当作简易跑道，也可以利用帽

图 15-20

子进行绕、跨、跳等练习。（图 15-20）

建议：可以摆成三角形、四边形、圆形、S 形、U 形等，进行趣味跑、追逐跑、弯道跑等练习。

5. 小小杂技师

将帽子套在手指（竹竿）上，晃动手指（竹竿）使帽子转动起来，进行杂技表演，比一比谁连续转动的时间长。（图 15-21）

图 15-21

6. 帽子韵律操

通过单手或双手变换拿帽子的方式，可编排头部运动、伸展运动（图 15-22）、体转运动（图 15-23）、腹背运动、跳跃运动、整理运动等动作。

图 15-22　　　　图 15-23

十六、羽毛球筒在体育教学中的运用

众所周知，羽毛球是一项开展广泛且深受学生喜爱的体育运动项目。用来装羽毛球的球筒随处可见，我们有必要对羽毛球筒进行收集和开发，让它服务于体育课堂教学，既做到合理利用废弃物品，又做到创新器材。羽毛球筒有 12 只装和 6 只装两种规格，其中 12 只装球筒的直径为 6.6cm，长度为 39cm。羽毛球筒由上下封盖和空心纸圆柱状的容置筒组成，上下封盖以其形状又可叫作平面盖和圆凸盖（图 16-1）。下面结合实践介绍羽毛球筒在体育教学中的运用。

图 16-1

（一）封盖的运用

1. 作标志物

把封盖当作标志物，用于球类、奔跑类、投掷类等教学。为了使标志物更醒目，可以在封盖表面涂上各种颜色。

2. 作小型飞盘

把封盖当作小型飞盘，进行用各种方法抛接飞盘的游戏，比一比谁飞得更远；也可以击打一定距离的目标物。

3. 作投掷物

把封盖当作投掷物，用于轻物投掷教学。为了使投掷时更美观，可以在封盖上钻一个孔，再系上一根绸带作尾巴。

图 16-2

4. 作球托

把封盖的圆凸盖的凹面朝上置于地面当作球托，在上面放置篮球、排球、足球等，防止球随意滚动。（图 16-2）

5. 作号码盘

用记号笔在封盖上分别写上数字 1、2、3……当作

号码盘，也可以将号码写在标签上然后粘
在封盖上。（图16-3）

图 16-3

（1）快找搭档。先将参与活动人数相
同的号码盘分散在场地四周，发令后，学
生跑出各找一个号码盘，然后根据盘上的
号码，找到另一个相匹配号码的搭档，看
哪组最先完成配对。匹配方法可以是找相邻号码，如1号找2号，3号找4号；
也可以是找相同数字的号码，如1号找1号，2号找2号。

（2）数字分组。先将与参与活动人数相同的号码盘分散在场地四周，发令后，
学生跑出各找一个号码盘，然后根据盘上的号码和要求（如有40人，按1～10、
11～20、21～30、31～40分为4组）快速、随机分组。

（二）球筒（容置筒）的运用

1. 作接力棒

把球筒当作接力棒，可运用于各类接力比赛中。

2. 作放松棒

用球筒敲击身体的各个部位，起到放
松肌肉的效果。可以自己敲打放松，也可
以多人之间互相敲打。

图 16-4

3. 珠行万里

先将球筒沿纵向对半切开作球槽。学
生均分成若干组，各组成员排成一列，每
人手拿一个球槽相互连接，形成一条长通
道。发令后，第一人将乒乓球放入第一个球槽的远端，使乒乓球依次滚过每一个
球槽，先将乒乓球送到终点的组获胜。在游戏过程中，手不能触碰乒乓球，若途
中掉球，即为游戏失败。（图16-4）

建议：此游戏可以以接力的形式延长乒乓球通道，即当球滚动到下一人的球

槽时，上一人迅速跑到队尾，将球槽连接，如此交替合作，直到将乒乓球滚到指定区域。

4. 保龄球

取若干个球筒作球瓶，并按 1、2、3、4 的顺序立放排成正三角形，学生用排球、篮球或实心球击打球瓶。（图 16-5）

5. 作火炬

学生手握竖立的球筒，在球筒上口处放一个篮球（排球或足球），当作一把熊熊燃烧的火炬，进行各种形式的火炬接力赛。比赛中手不得触及篮球（火焰），若出现篮球落地情况，则表示火炬熄灭，须原地停下，捡球重新放好（点燃）方可继续比赛。（图 16-6）

图 16-5　　　　　图 16-6

6. 顶球筒

学生把球筒顶在手指、前额、脚掌、膝关节等部位上，比一比谁坚持的时间长；也可以手持一个球筒，然后在其上口处立放一个球筒进行行走比赛。

7. 夹筒跳

学生将球筒夹于两腿、两膝或两脚之间，进行各种跳跃练习；也可单人练习，或多人之间搭肩合作练习。

8. 引线穿宝

学生分成人数相等的若干组，每组准备和小组人数相同数量的球筒和一根长绳子。游戏开始后，小组合作把球筒全部穿进绳子，用时最少的组胜出。

9. 矮人赛跑

学生下蹲，将球筒夹在腹部与大腿之间，比一比谁走得快。

10. 电棒击人

学生站在指定的区域内，两名学生各握一个球筒当作电棒。游戏开始后，拿棒学生开始追赶区域内的学生，用电棒触人，被触到的学生即淘汰，比一比谁能坚持到最后。

11. 双人顶枪

学生两人一组，面对面站立，用胸腹部顶住一个球筒。游戏开始后，两人合作顶住球筒向前行进，先到终点的组获胜。游戏中手不能触及球筒，若途中球筒掉落，须原地捡起放好后再继续。

12. 开火车

学生分成人数相同的若干组，每组学生成纵队站立，前后两人夹一个球筒（一端顶于前面学生的后背，另一端顶于后面学生的胸腹部），全组用球筒组成火车。发令后，火车缓慢地向前开动，比一比哪一列火车最先通过终点。游戏中手不能触及球筒，也不能有意识地用衣服等物体来撑扶球筒；若途中球筒掉落，须重新捡起搭好火车再行进。

13. 吹棒

学生两人一组，站于桌子两端，在桌子上画 3 条线，分别是中线和各自的端线。游戏开始后，双方用力吹球筒，让球筒向对方的区域滚去，直到球筒完全滚至对方的区域为胜。（图 16-7）

14. 套圈

先将球筒剪切成宽度约为 1cm 的圆环，然后将 4 寸（约 13.3cm）铁钉钉在小木板上作为套柱。学生手持圆环站于距套柱一定距离处进行套圈游戏。（图 16-8）

图 16-7　　　　　　　图 16-8

15. 套筒

将体操棒水平固定于一定高度，露出半截并朝向距其 1～3m 的投掷线。学生手持球筒站于投掷线前，将球筒套入体操棒，每人投 5 次，看谁套中得多。（图 16-9）

图 16-9

16. 叠高塔

准备若干个球筒，学生将球筒叠高成塔状，在规定时间内比一比谁叠得最高。

17. 轨道滑行

取一条长 10 ~ 30m 的尼龙绳穿过一个球筒，然后将尼龙绳水平拉直固定好（以绳子高度在学生的肩膀为宜）。学生手握球筒站于绳子一端，然后将球筒用力向另一端推出，看谁的球筒滑得远。

建议：①两人一组，相距 2 ~ 6m 面对面站在绳子两端，然后将球筒互相推来推去，看哪组先完成规定次数；②可以将绳子倾斜一定角度，学生由低向高推出，以增加挑战难度。

18. 乒乓球捡球器

将一根普通橡皮圈分两股间隔约 2.5cm 靠于球筒一开口中间处，两端上拉贴在球筒壁外侧，然后用胶带缠绕固定（图 16-10），即完成一个乒乓球捡球器。捡球时，学生手握捡球器上端，将装有橡皮圈一端对准地面上的乒乓球一按（图 16-11），乒乓球就会自动进入捡球器内。

图 16-10　　　　　图 16-11

（三）封盖和球筒（容置筒）结合运用

1. 作负重棒

在球筒内装沙子或沙石混合物，两端分别用封盖堵上，并用胶带固定，即组成一定重量的负重棒，练习方法可以参考哑铃练习。

2. 作翻转棒

在球筒内装约四分之一高度的沙子（为了增强稳定性），堵上封盖，并用胶带固定。比赛时，将制作好的翻转棒立放于一定距离外，每人跑出后须倒置球筒。

为了便于辨认上下两端的标识，可在其中一端缠上有颜色的胶带。（图16-12）

图16-12

建议：将两个翻转棒竖立在地面上，上端横架一根体操棒或PVC管，就形成了一个简易小栏架。

3. 作投准器

将球筒立于地面上，里面装一定量的沙子，固定球筒；将朝上的封盖去掉，当作投准器。游戏时，投掷者站在离投准器约1m处，用乒乓球、毽子、弹珠、筷子等小物体作投掷物，投向投准器，每人投规定次数，投中多者为胜。要求投掷物的直径要小于球筒直径。

4. 作标志杆

在球筒内放一半左右的沙子，然后盖上封盖，并用胶带粘牢，做成一个简易的标志杆。根据需要，可再连接1~3个球筒，并用胶带粘住上、下球筒的连接处，让标志杆变得更长。（图16-13）

图16-13

十七、易拉罐在体育教学中的运用

易拉罐是一种圆柱状的金属饮料容器，一般由铝和马口铁两种材料制成。铝制易拉罐轻便易变形，马口铁易拉罐厚实坚固。在生活中空易拉罐随处可见，如果能合理地开发利用，就可以"变废为宝"，创造出一定的实用价值，更好地服务于体育课堂教学。

（一）自身功能的开发

1. 作接力物

用易拉罐代替接力物进行比赛或游戏，也可用易拉罐进行拼数字、拼文字、拼图形等游戏。

2. 作标志物

（1）将易拉罐定点定距摆成不同形状，学生绕易拉罐进行蛇形跑、曲线跑、折返跑、三角障碍跑、绕"8"字形跑等练习。

（2）根据跳跃类的不同项目，易拉罐可作为跳高、跳远和三级跳远助跑起点的标志，也可作为三级跳远时三跳的落地点标志；在跳远时将标有距离的易拉罐摆放在沙坑边相对应的位置上，作为远度标志。

3. 作障碍物

（1）原地跳跃。

将一个易拉罐立放在地面上或若干个易拉罐并排立放在地面上，学生采用单、双脚前后跳或左右跳，或两腿做并分、剪绞、旋转等动作；也可将若干个易拉罐排成十字形进行十字跳练习。

（2）行进间跳跃。

根据学生的跳跃能力，将若干个易拉罐按适宜距离排成一排，学生采用单、双脚依次跳过易拉罐。

建议：可安排小组之间的跳跃接力比赛。

4. 作投掷物

直接用易拉罐作轻物进行掷远、掷准练习，也可以往罐体内装一定量的石子或沙子，用胶带封口，进行投掷重物练习，在练习时需要注意安全。

5. 作摸高物

把若干个易拉罐用绳子固定在不同的高度上，学生根据自己的跳跃能力选择适宜高度的易拉罐进行摸高练习；也可以进行过关挑战赛，先选择最低高度进行摸高，成功后再选下一高度进行摸高，以此类推，直到挑战最高高度。

6. 作足球门

将两个易拉罐以适当间距摆放作为简易足球门，学生可以进行足球比赛或射门比赛。

7. 作目标物

将易拉罐竖立在地面上，学生站在适宜位置手拿投掷物对易拉罐进行掷准、掷准得分等趣味性投掷比赛；易拉罐也可作为套圈游戏目标物，学生在距易拉罐一定距离处抛掷圆圈套易拉罐，在规定的次数内，看谁套中得多。

（二）在体操类教学中的运用

1. 作队列标志点

在集合与解散时，易拉罐可作为集中点的标志；在队列练习时，易拉罐可作为列队、并队转角处的标志，避免学生不到位就转向。

2. 作滚翻障碍物

在鱼跃前滚翻教学中，根据学生的技术水平，将铝制易拉罐叠成一定的高度，学生根据自己的能力跃过不同高度的铝制易拉罐，这样既能激发学生的练习兴趣，又能提高学生的腾空技术。

3. 夹罐滚翻

在前滚翻教学中，将铝制易拉罐放在腹部与大腿之间，学生团身夹住铝制易拉罐，在完成前滚翻后拿起铝制易拉罐。

4. 易拉罐健身操

往易拉罐内装入四分之一的沙子，将口封好，学生双手持罐体，跟着优美节奏，进行健身操练习，双手配合做各种动作，同时发出整齐的"唰—唰"声。

（三）在体能练习中的运用

1. 作夹物

学生双脚夹住易拉罐，进行各种跳跃练习，如向上收腹跳，用双脚将易拉罐向上抛起，用手接住。

2. 顶罐走

学生头顶一个易拉罐或左右手侧平举各托一个易拉罐，保持平衡走或跑。

3. 作石墩桥

将若干个马口铁易拉罐摆放成一路纵队，学生脚踩在易拉罐上通过，比一比谁最先到达终点。为了增加趣味性，在行进过程中学生还可以手持易拉罐，并在易拉罐上放置一个乒乓球，比一比谁能在不掉落乒乓球的情况下，以最快的速度到达终点。

4. 简易哑铃

往罐体内注入沙子或石子并封口，也可注入水泥砂浆，待水泥硬化后，就可以作简易哑铃。学生手持罐体中间做各种哑铃的力量练习。

建议：①上述简易哑铃重量轻，适合低年龄段学生练习，若要增加重量，可以通过多个易拉罐组合，用接力棒等圆木作哑铃杠，组装成各种重量的哑铃（图17-1）；②按同样方法，用约1m长镀锌管作中间横杠，两端分别固定若干个填充沙石或水泥砂浆的易拉罐，便可制成简单小杠铃。

图17-1

（四）在体育游戏中的运用

1. 矮人走路

学生将易拉罐夹在大腿和胸腹之间，模仿矮人行走，发展下肢力量。

2. 顶罐行走

学生两人一组，将3～8个易拉罐首尾相连后变成连体易拉罐，两人用单手各抵住连体易拉罐一端做准备（图17-2），游戏开始后，从起点向终点出发，在连体易拉罐不脱节的情况下，最先到达终点的组获胜。

图17-2

3.叠塔接力

学生均分成若干组，人手一个易拉罐。发令后，每组学生轮流出发跑到终点线，将易拉罐叠成单柱塔状或金字塔状。在游戏过程中，若塔倾倒，必须重新一个一个地搭起来，看哪组又稳又快地完成任务。

建议：可以每人2～3个易拉罐，在规定时间内，看哪组将易拉罐叠得最高。

4.托宝塔走

学生将3～5个空易拉罐叠成宝塔状，一手握最下方的易拉罐，另一手不能扶宝塔，在宝塔不倾倒的情况下，看谁先走完规定的距离。在游戏过程中，若宝塔倾倒，必须在倾倒位置重新搭起后再继续游戏。（图17-3）

图17-3

建议：可以安排小组接力比赛。

5.脚垒宝塔

将易拉罐倒放在地面上，学生坐撑在地上，用双脚将罐一一夹起（图17-4），并垒成规定高度的宝塔状。也可多人进行比赛，看谁垒得高、垒得多、垒得稳。

6.叠高塔

学生将易拉罐叠高，叠得高且稳定性好者胜出。

图17-4

（五）拓展运用

1.踩高跷

用钉子在马口铁易拉罐罐身挖两个对称的洞，穿过一条绳子，便制成一个简易高跷。学生手持拉绳，站在高跷上行走（图17-5），可发展学生的平衡能力。

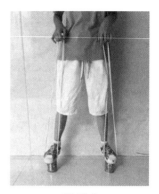

图17-5

2. 钓鱼

将若干个空易拉罐当作鱼，放置于地上，开口向上，学生手持钓竿，在钓绳的尾端系根牙签。游戏时，将牙签呈倾斜状放进罐内，就可将罐钓起。在规定时间内，看谁钓的鱼数量多。

3. 趣味保龄球

将多个易拉罐重叠放置成金字塔形（图17-6），或将10个易拉罐按1、2、3、4的顺序摆成正三角形，用排球当作保龄球进行练习或比赛。

图17-6

4. 踢罐比准

将易拉罐当作足球，设一个球门，进行射门练习。

5. 作梅花桩

将一个或多个马口铁易拉罐聚拢按一定间距排成一排（可变换易拉罐摆放的图形），学生依次踩着易拉罐行走至终点（图17-7），比一比谁最先到达终点。

图17-7

6. 作翻转瓶

在易拉罐罐身上下部分分别涂刷不同颜色的漆（如上红下黄），做成一个简易的翻转瓶，进行相关的翻转瓶接力赛或团队赛。

7. 趣味滚筒

在马口铁易拉罐或大奶粉易拉罐罐口和罐底取个洞，将矩形粗铅丝穿过取孔的易拉罐体，用圆木或竹竿固定矩形铅丝的另一边（图17-8）作推杆，就制作成一个固定式滚铁环，非常适合低年级学生进行练习。

图17-8

十八、PVC（PPR）管在体育教学中的运用

近年来，伴随着社会经济水平的不断发展，PVC管（主要成分为聚氯乙烯）和PPR管（主要成分为无规共聚聚丙烯）在制造行业以及生活中被广泛使用。它们的外径规格有16～200mm不等，每根管子长度一般为4m，具有重量轻、耐热、耐腐蚀、耐压、韧性好等特点。若将PVC管和PPR管引入体育课堂教学，并进行合理的利用和设计，既能丰富课程资源，又能助力体育课堂教学，一举多得。

（一）在奔跑类教学中的运用

1. 作接力棒

取外径为25～40mm的管子，剪（截）成长为25～30cm的接力棒，进行各种接力跑的练习。（图18-1）

2. 合作走（跑）

取两根长度合适的PVC管，学生2～6人一组成纵队站于两根管子之间，双手抓握管子，保持适宜距离，合作向前进行各种走和跑的练习。（图18-2）

建议：也可以用同侧手抓握一根管子或横队排列进行合作走和跑的练习。

图 18-1

图 18-2

3. 手肘夹管走（跑）

学生2～6人一组站成横队，将一根长度适宜的PVC管用肘关节夹于背后，进行合作走和跑的练习。（图18-3）

图 18-3

4. 旋风跑

学生 2～6 人一组站成横队，双手共同握住一根长 1～4m 的 PVC 管，绕两个标志筒进行"8"字形跑练习，完成规定圈数且速度最快的组获胜。（图 18-4）

图 18-4

5. 彩旗引领跑

将彩旗套在长约 1.5～2.5m 的 PVC 管上，学生分成若干组，排头举着彩旗引领本组成员成一路纵队进行变速跑的练习，建议小组成员轮换做旗手。（图 18-5）

6. 阻力跑

图 18-5

学生两人一组，同向前后站立，左右手各握一根长 2～4m 的 PVC 管。开始后，前面的人两腿用力蹬地向前跑出，后面的人适当用力反拉，让前面的人能慢速地向前跑进，练习片刻后，两人交换角色继续练习。要求两人全程不得松手。

建议：两人背对背站立，同侧手各握一根 PVC 管。开始后，两人各自用力向前跑，看谁先跑到前面 2m 的标志线。

（二）在跳跃类教学中的运用

1. 齐头并进

取一根长约 4m 的 PVC 管，7 名学生同向站成一排，其中 1、3、5、7 号学生双手持棍，2、4、6 号学生双手握棍并将一条腿挂膝于管子上，单腿支撑，集体向前行进。（图 18-6）

2. 单腿夹管跳

图 18-6

取一根外径为 20mm 左右、长为 1～4m 的管子，学生 2～6 人相互搭肩单

腿支撑，共同用悬空腿的腘窝夹住管子，合力向前跳跃。（图18-7）

3. 横扫天下

取一根外径为 20 ～ 25mm、长为 4m 的管子，学生均分成若干组，各组围成圆圈，一人站在圆心，双手持管子一端，另一端贴近地面，进行顺（逆）时针画圆扫动，圆圈上的人在管子靠近时，跳起躲避管子。扫圈可先慢后快，注意安全，也可来回做不定向扫动。（图18-8）

4. 竹竿舞

取 4 根大小、长度合适的 PVC 管，两根横放在地上作垫竿，两名学生手握另外两根管子置于垫竿的上方作击竿，两两形成井字。握管者有节奏地敲击、开合管子，其余学生有序地跳竹竿舞。（图18-9）

图18-7　　　　　　　图18-8　　　　　　　图18-9

5. 作跳高横杆

取一根外径为 20 ～ 40mm、长为 1 ～ 4m 的管子，两人各持管子一端，放至适当高度，充当跳高横杆，进行跨越式跳高练习。（图18-10）

6. 跳跃过杆

每人手握一根外径为 20 ～ 40mm、长为 1m 的管子置于体前，收腹向上跳过管子，要求双手不得松开管子。（图18-11）

图18-10　　　　　　　图18-11

（三）在投掷类教学中的运用

1. 掷标枪

取外径为 20 ~ 40mm 的 PVC 管，截成
1.5 ~ 2m 长度，在管子的一头扎上海绵或者
包上几层布，当作标枪，进行标枪的插枪以
及投掷练习。（图 18-12）

图 18-12

2. 投壶

取外径为 20 ~ 40mm 的 PVC 管，截成
1m 左右的长度，在投掷线前一定距离处放
一个大桶，将管子当作箭，掷向大桶，看谁
投中得多。（图 18-13）

图 18-13

3. 掷手榴弹

取外径为 30 ~ 40mm 的 PVC 管，截取约 20cm 长的一截作简易手榴弹，进
行掷手榴弹练习。

（四）在体能练习中的运用

1. 转圈扶管

学生 2 ~ 3 人一组，每人一根外径为 25 ~ 40mm、长为 1.2 ~ 1.5m 的 PVC
管，手扶管子立于地面，发令后，学生放开管子并快速顺（逆）时针原地转一圈，
再次扶住自己的管子（图 18-14），管子不倒地者获胜；也可以 4 ~ 12 人一组，
围成圆形，每人手扶一根管子，然后沿逆（顺）时针方向移动一个位置，抓扶下
一人的管子，管子不倒地为成功。

2. 喊数扶管

学生 6 ~ 10 人一组，按序报数后站成圆形。一人手扶一根外径为 25 ~ 40mm、
长为 1.2 ~ 1.5m 的 PVC 管，站于圆心处，在大声报序号后迅速离开，被报到序
号的学生立即冲入圆心扶住管子，然后随机报数，管子不可倒地，未扶稳管子者

进行表演。（图 18-15）

图 18-14　　　　　　　图 18-15

3. 勇攀高峰

取两根外径为 32 ～ 50mm、长为 4m 的 PPR 管，4 人同向成纵队蹲、站姿双肩扛管子，使管子斜向支撑于地面，一名学生从地面一端向上爬，依次从学生肩上的管子通过，直至顶端。爬至最高支撑点后，退回至地面，换另一名学生练习，直至所有学生都完成一次。（图 18-16）

4. 夹管滚翻

取一根外径为 25 ～ 40mm、长为 1 ～ 4m 的 PPR 管，学生 2 ～ 5 人共同用腹部夹住管子，在垫子上同时做前、后滚翻练习，熟练后可尝试连续滚翻练习。（图 18-17）

图 18-16　　　　　　　图 18-17

5. 同舟共济

取一根外径为 160mm、长为 3 ～ 4m 的 PVC 管，学生 5 ～ 8 人平躺在垫子上，共同用手抱住管子置于胸前，保持同一频率进行仰卧起坐练习或比赛。（图 18-18）

6. 左右摆腿

取一根外径为 25 ～ 40mm、长为 3 ～ 4m 的管子，学生两人一组，一人手持管子于另一人髋关节的高度，另一人单腿支撑，另一腿直腿围绕着管子做快速左右抬腿动作，发展髋关节灵活性。（图 18-19）

7. 仰身过低杆

两人手持一根外径为 25 ~ 40mm、长为 3 ~ 4m 的管子，其余人依次仰身钻过管子，可逐渐降低持管的高度，以增加难度。（图 18-20）

图 18-18   图 18-19   图 18-20

8. 上下起伏

两人蒙眼，各持一根外径为 25 ~ 40mm、长为 3 ~ 4m 的 PVC 管一端，做蹲起动作，管子时高时低，其余人根据管子的高度灵活地用钻、跨、跳等方法通过，以保证不被管子碰到。（图 18-21）

9. 抬花轿

学生 6 人一组，其中两人手握两根外径为 32 ~ 50mm、长为 3 ~ 4m 的 PPR 管置于胯下准备，其余 4 人成纵队站位下蹲，肩置于管子下方。开始后，4 人缓慢起立，待管子上两人坐稳后可开始行走，看哪组先到终点。（图 18-22）

10. 走索道

取一根外径约为 40mm、长为 3 ~ 4m 的 PPR 管，6 ~ 8 名学生双手紧握管子并置于腹部高度，其余学生从管子的一端出发，双手扶着握管学生的肩膀，踩着管子平移至另一端即算完成，轮流体验。（图 18-23）

图 18-21   图 18-22   图 18-23

11. 三挑二

取一根外径为 32 ~ 50mm、长为 3 ~ 4m 的 PPR 管，学生 5 人一组，其中 3 人间隔以肩挑管，另两人反向压臂挂于管上，进行挑担练习。（图 18-24）

图 18-24

12. 二抬一

学生 3 人一组，其中两人抬一根外径为 32 ~ 50mm、长为 1m 的 PPR 管，另一人骑坐在管子中间，先抬到终点的组获胜。（图 18-25）。

13. 持管绕肩

每名学生双手正握一根长为 1.2 ~ 1.5m 的 PVC 管，以身体为中心轴，前后、左右绕肩画圈。（图 18-26）

图 18-25　　　　　　图 18-26

（五）在体育游戏中的运用

1. 牵引反向跑

学生 4 人一组，排成纵队，一人正向，三人背向，左右手各握一根长为 3 ~ 4m 的 PPR 管。发令后，由正方向的人领着反方向同伴后退跑，到达终点时间少的组胜出。要求领跑人控制好速度、方向；反向跑人合拍齐整，防止跌倒。（图 18-27）

2. 赶小猪

学生均分成若干组，每组排头手握一根外径为 25 ~ 40mm、长为 1.2 ~ 1.5m 的管子。发令后，用管子将球赶至指定位置，再赶回起点，依次接力进行，用时最短的组获胜。（图 18-28）

图 18-27　　　　　　图 18-28

3. 夹球接力

学生两人一组，两人左右手各持一根长为 1.2 ～ 1.5m 的管子，用管子夹住一个篮球，两人协同将篮球运至指定位置并返回，依次接力进行，完成任务最快的组获胜。（图 18-29）

4. 铺地下管

学生均分成若干组，每组学生两脚开立站成纵队，排头手持一根长为 2 ～ 3m 的管子。发令后，排头从胯下向后传管子，后面的人依次传接，传至排尾，排尾快速持管跑至排头，

图 18-29　　　　　　　图 18-30

重复从胯下向后传递管子动作，依次循环进行，每人跑一次，直到队伍恢复原来的位置，完成最快的组胜出。（图 18-30）

5. 管子拔河

取一根外径为 32 ～ 50mm、长为 2 ～ 4m、壁厚为 2.8 ～ 5.5mm 的 PPR 管，学生一对一（二对二或三对三）手握管子进行拔河比赛。

（六）拓展运用

1.PVC 管拼接自制器材

利用各种规格的 PVC 管和双通、水平三通、立体三通、90° 弯头、45° 弯头等管子配件，设计组合成各种体育器材，再喷上有色环保漆，以满足体

图 18-31　　　　　　　图 18-32

育教学、训练的需要。例如，制作匍匐攀爬架（图 18-31）、立定跳远辅助练习器（图 18-32）、跨栏架、足球门等各种体育器材。

2.PPR 管自制器材

PPR 管韧性很好，容易弯压变形，可以满足多种造型需要。为此，可以用 PPR 管制作不同大小的圆圈（图 18-33），用于跳、投、滚、跑、套等各种练习；同样，也可以制作跨栏架、羽毛球架等各种体育器材。

图 18-33

十九、胶带在体育教学中的运用

胶带是常见的生活用品，它由基材和胶黏剂两部分组成。胶带按其功效可分为双面胶带、绝缘胶带、封箱胶带、布基胶带等。布基胶带宽度一般为 1～6cm，具有无残胶、高黏性、抗拉耐磨、耐温防水等优点，且颜色丰富，使用时可以直接手撕，方便快捷，非常适合在体育课堂教学、训练、游戏中运用，可以有效提高课堂教学效率。

（一）用于固定

1. 固定垫子

用胶带将若干块垫子横向或纵向缠绕固定在一起，或用胶带将若干块垫子固定在立柱、墙壁或树干上，用于跑、跳、投、攀爬等各种练习。（图 19-1）

2. 粘贴纸张

在课堂教学或体育活动中，可用胶带将教学图片、任务单、比赛成绩等纸张粘贴在黑板或墙壁上，便于学生自主查阅、合作探讨。（图 19-2）

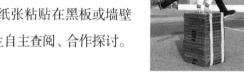

图 19-1　　　　　　图 19-2

3. 作球托

将胶带圈平放在地面上，在其上面放置篮球、足球、排球等圆形的体育器材，可以防止器材滚动，便于放取器材。（图 19-3）

4. 器材组合

用胶带将两种或多种器材固定进行组合运用。例如，将竹竿和呼啦圈粘连成投掷圈，用于篮球的传球或投篮（图 19-4）、排球的垫（传）球、轻物掷准等练习。

图 19-3　　　　　　图 19-4

（二）作为标志物

1. 作标志线

根据教学需要将胶带拉成不同长短、不同距离的标志线，用作各种起跑线、终点线、间距线、折返线、传接球类的标志线等。（图 19-5）

2. 作足球门

将两个胶带圈相隔一定距离摆放在地面上，作简易足球门，进行射门练习。（图 19-6）

图 19-5 　　　　　　　　　　　　　　　图 19-6

3. 作起、终点

在相距一定距离的空旷地面上放置两个胶带圈，作为起、终点，进行走、跑、跳等各种练习。（图 19-7）

4. 作步幅标志

在跑道或空地上，等距离贴上胶带，要求学生一步一线（一格）进行大步幅跑的练习。（图 19-8）

图 19-7 　　　　　　　　　　　　　　　图 19-8

5. 作滚翻支撑线

在体操垫适宜位置横向贴一条胶带作为前滚翻和鱼跃前滚翻手撑垫的起始位置；也可以在体操垫中间纵向贴一条胶带作为侧手翻手脚支撑线。（图 19-9）

图 19-9

6. 作分区线

在规定位置贴上胶带作为器材摆放区，用于放置实心球、垒球等。（图 19-10）

图 19-10

（三）辅助篮球教学

1. 直线式

为了直观地体验篮球直线运球的技术动作，将彩色胶带在地面上贴成一条直线，学生沿直线运球。以右手运球为例，学生在线上走，球在线的右边走（图 19-11）；也可以球在线上走，学生在线的左边走（图 19-12）。

2. 十字式

将彩色胶带粘贴成"十"字形，学生合理运用 4 个区域，进行篮球对角胯下运球等练习。（图 19-13）

图 19-11　　　　图 19-12　　　　图 19-13

3. 传球间距

用彩色胶带在地面间隔一定距离粘贴两条平行线，学生两人一组相对站于线后，进行篮球的各种传接球练习，如胸前传接球、击地传接球等。（图 19-14）

图 19-14

4.换手运球击地线

在地上粘贴一条胶带，作为篮球左右换手运球的击地线，学生每一次运球都要落在线上。（图 19-15）

图 19-15

5.打板投篮标识

在篮球打板投篮时，通常是瞄准篮板上的白色（黑色）边框内区域，在右侧投篮，打板点在方框的右侧或右上角，打板点越靠上，力度就越要小；左侧同理。为此，为了有一个清晰直观的目标，可以用彩色胶带粘贴在相应位置上，学生瞄准胶带进行打板投篮练习。（图 19-16）

图 19-16

（四）辅助足球教学

1.射门点

在足球射门教学中，用胶带在墙上粘贴一个适宜的正方形，作足球射门点；或者在墙上贴出九宫格，按 1 ~ 9 的顺序射门，加大射门的难度。（图 19-17）

图 19-17

2.触球部位

将彩色胶带剪成圆点，粘贴在脚内侧、脚背正面、脚背外侧等部位，进行足球的运传球等技术动作练习，使学生直观地感知触球部位。（图 19-18）

图 19-18

3.运球路线

用彩色胶带在地面粘贴成直线、曲线、圆形、正方形、三角形等不同路线，学生根据所贴的路线，进行足球运球、拨球练习，增强球性。（图 19-19）

图 19-19

4. 传球点位

用彩色胶带在地面上做标记，学生进行各个点位的足球传球练习，如三角传球、四角传球、对角传球、交叉传球等。（图19-20）

图 19-20

（五）辅助排球教学

1. 垫球部位

在排球垫球教学中，为了直观清楚地知道手臂垫球部位，将胶带剪成圆形或长条，粘贴在手腕上方约10cm处。学生在垫球时，用贴有胶带的部位去垫球。（图19-21）

图 19-21　　　　　图 19-22

2. 移动路线

用彩色胶带在场地上粘贴路线（如直线、曲线）或图形（如圆形、正方形、三角形），学生根据路线或图形进行移动自垫球练习，提高控球能力。（图19-22）

3. 垫球限制线

在排球对垫球教学中，在场地上贴两条相距一定距离的胶带，作为步法移动、定点或移动垫球的限制线。（图19-23）

4. 击球点

将彩色胶带剪成圆点，粘贴在掌心、掌根、虎口等位置，学生进行发球练习，更好地感受击球的位置。（图19-24）

图 19-23　　　　　图 19-24

5. 发球落点区

用彩色胶带将排球半场分为 6 个或 9 个区域，并标注数字序号，学生根据教师的要求将排球发到相应的目标区域，提高发球的准确性。

6. 限制发球高度

球网上方的平冲球具有较强的攻击性，为此，用彩色胶带在墙上贴出两条相距 60cm 的平行横线，下方线条高度与网高相同。学生站在离墙 9m 处对墙发球，要求排球落在两条线之间，以限制发球高度，使学生学习如何发出平冲球。

7. 一传落点区

用彩色胶带在进攻线和中线之间且靠近 3 号位处贴出方形，或在进攻线与中线靠近 2（4）号位处贴出方形，学生在接发球或对方来球时，将球垫到指定区域，以便于接下来组织中一二战术和边一二战术。（图 19-25）

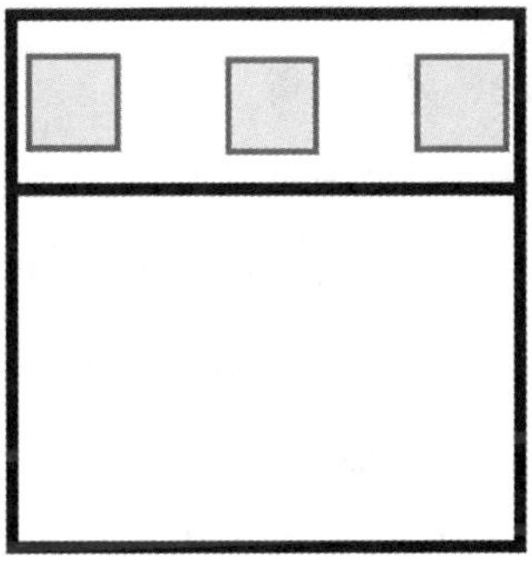

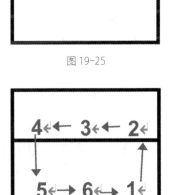

图 19-25

8. 二传落点区

根据进攻战术的要求，用彩色胶带在排球场相应位置贴出二传落点区，让二传手更有目的性地传球。

9. 位置标识

在初学排球场地位置时，为了直观清晰地知道场上的 6 个位置，可以用胶带在 6 个位置上贴出相应的数字，还可以贴出轮转的方向箭头，让学生直观地掌握位置的轮转方法。（图 19-26）

图 19-26

10. 防守区域

在初学排球全场比赛时或在战术初学阶段，为明确每名学生的防守区域，避免在接球时出现"让球"和"抢球"的现象，用彩色胶带在每个位置分隔出相应的防守区域，让每个位置的学生都能更加直观地知道自己的防守区域。

（六）辅助跳跃类教学

1. 摸高

将红丝带剪成多种长度规格，用胶带将其固定在篮筐、单杠或树枝等物体上，学生根据自身能力，选择适宜的红丝带高度进行摸高练习。（图 19-27）

图 19-27

2. 灵敏跳

用胶带在地面上贴出绳梯的造型，学生进行绳梯的各种跳跃练习，发展协调性、灵敏性等。

3. 十字跳

用胶带在地面上贴出"十"字形，学生进行各种单、双脚跳的练习；也可以在 4 个象限里贴上数字，学生按照规定的数字顺序进行跳跃。（图 19-28）

4. 跳房子

用胶带在地面上贴出各种房子的图形，学生进行跳房子的游戏。（图 19-29）

图 19-28　　　　　　图 19-29

（七）在体育游戏中的运用

1. 叠高

教师给学生若干个胶带圈，让学生发挥想象、自主创造，尝试用各种方法叠加和摆放，培养学生的思维能力。（图 19-30）

2. 推滚

学生每人一个相同型号的胶带圈，在起点后同时将胶带圈向前滚动，看谁的胶带圈滚得最远。（图 19-31）

图 19-30　　　　　　图 19-31

3. 作平衡圈

将胶带圈置于头顶，学生成蹲立走完规定距离，看谁用时最少；也可以加大难度，学生沿着曲线或图形行走，在行走过程中头顶胶带圈不得掉落。（图 19-32）

4. 作接力圈

将宽约 2cm 的胶带圈当作接力圈，用于各种接力跑比赛。

5. 转"陀螺"

图 19-32

学生每人一个宽 4cm 以上的胶带圈，半蹲（或全蹲），两手抓握立放的胶带圈。游戏开始后，使劲往一个方向转动，让胶带圈呈立状在地面上迅速旋转起来，直到胶带圈停止旋转，看谁的"陀螺"旋转时间长。（图 19-33）

建议：可以先将胶带圈沿顺时针方向旋转，待"陀螺"着地后，立即用鞭绳抽打，让它不停地旋转起来，看谁的"陀螺"旋转时间长。（图 19-34）

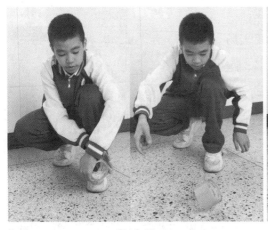

图 19-33

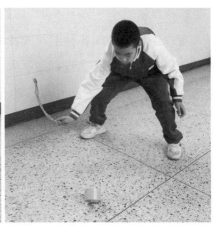

图 19-34

二十、粉笔（水粉颜料、油漆）在体育教学中的运用

粉笔作为一种传统课堂教学的用具，具有取材方便、使用简单、经济实惠的特点，粉笔易溶、易消退，所画的线条和图案维持时间不长，适合短期或临时性使用；水粉颜料含有胶固剂，画在室外场地上若没有雨水影响，可以维持一两个月；油漆具有很强的附着力，在绘制时做好所画地面的除尘工作，一般可以维持半年到一年。因此，我们可根据要绘制的场地和内容，以及准备使用时间的长短，酌情从粉笔、水粉颜料和油漆3种材料中合理选择使用。绘制时，避免选择瓷砖地面，尽量选择水泥地、道路地砖、塑胶等场地，有条件的最好在塑胶地面上绘制。粉笔（水粉颜料、油漆）在学校体育场地和课堂教学中的巧妙运用，解决了体育场地上的线条、标识等不足的问题，从而丰富了体育教学资源，激发了学生学习的积极性。

（一）辅助教学功能

1. 画标识

可以用粉笔来画各种游戏或者教学场地的起跑线、终点线、投掷线、数字、跑道道次（图20-1）、标志点、动作方向（箭头）、限制区等。例如，在初学排球场地位置时，为了让学生直观清晰地知道场上的6个位置，教师可以用粉笔在6个位置上画出相应的数字，还可以画出轮转的方向箭头，让学生直观地掌握位置的轮转方法；又如，在跨越式跳高的起跳教学中，要求学生在所画的"L"形区域（图20-2）内起跳，避免因起跳过前或过后而发生危险。

图 20-1

图 20-2

2.画场地

根据需要用粉笔（水粉颜料、油漆）画各种练习或游戏场地，如实心球场地（图20-3）、立定跳远场地（图20-4）、跳房子场地（图20-5）、跳单双圈场地（图20-6）、十字跳场地（图20-7）、九宫格场地（图20-8）等。

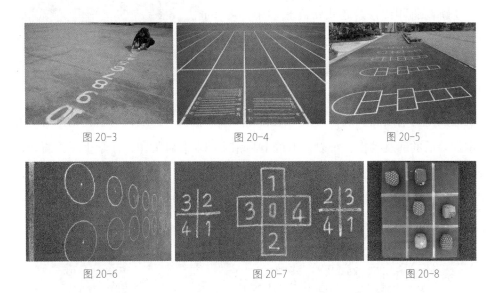

图 20-3 　　　　　　　图 20-4 　　　　　　　图 20-5

图 20-6 　　　　　　　图 20-7 　　　　　　　图 20-8

3.画演示图

根据教学需要，选择适宜的场地、器材、辅助教具（如黑板、塑料瓶等），选用粉笔、水粉颜料或油漆在其上画上相应技术动作的简易演示图，让学生建立清晰的视觉表象，感知正确的动作概念，有助于学生对动作的掌握。

（1）画脚印。

①起跑脚印：在站立式起跑和蹲踞式起跑教学中，在起跑线的后面画出大小不同、距离不同、左右位置不同的脚印，让学生明确起跑位置。

②立定跳远脚印：在起跳线后画一双脚印，做立定跳远准备点，学生直接站在脚印上进行立定跳远练习，规范学生的双脚左右开立、脚尖平行的预备动作。（图20-9）

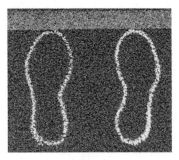

图 20-9

③足球脚印：用粉笔画出足球脚内侧踢球（图 20-10）、正脚背踢球、外脚背踢球等动作支撑脚的落地位置以及踢球脚的触球部位。

④跳高脚印：在跨越式跳高教学中，可以在起跳区域画上起跳脚的脚印，让学生直观清晰地进行跳高练习，避免学生用内侧脚起跳或起跳点过近、过远的错误动作。背越

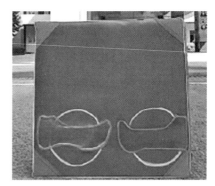

图 20-10

式跳高助跑的前段为直线，后段（最后 3 步或 4 步）为弧线，为了让初学者更好地掌握最后的起跳动作，可以在弧线上画相应的左右脚脚印，让学生踩着脚印进行练习。

⑤篮球三步上篮脚印：在练习场地上画出篮球三步上篮的脚印，让初学者感受动作的行进过程，建立初步的动作概念。

图 20-11

（2）画侧手翻位置。

在直线上按动作顺序依次画出侧手翻的手印和脚印（图 20-11），使学生直观了解侧手翻的动作顺序。

（3）画脚掌发力位置。

在弯道跑教学中，为了直观清晰地知道左右脚的发力情况，用粉笔将右脚鞋子的前脚掌内侧位置和左脚鞋子的前脚掌外侧位置涂上颜色（图 20-12），

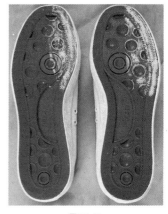

图 20-12

在教学时，直接出示鞋子让学生明确脚掌的发力位置。

（4）画技巧滚翻图。

在前滚翻场地用粉笔画出整个动作的简图，同时在垫子上画出双手支撑的位置，让学生能规范地做出前滚翻动作；也可将前滚翻（图20-13）、后滚翻（图20-14）图示直接画在体操垫上。

图20-13

建议：肩肘倒立、跪跳起等动作均可借鉴以上方法进行教学。

4. 画路线

小学体测项目之一——50m×8往返跑，要求按逆时针方向绕标志杆，但在实际教学中，总有个别学生沿顺时针方向绕标志杆，或逆、顺时针方向混合。为此，在绕标志杆右侧的地面上用粉笔画上转向的大箭头（图20-15），用来提示学生，就可以尽量避免学生绕错的情况。在环校跑时，也可以在一些岔路口的地面上，用粉笔画出前进方向提示学生。

图20-14

图20-15

（二）在体育游戏中的运用

1. 写字接力

学生均分成若干组，在起点线后站立。游戏开始后，排头出发到达终点线前用粉笔写上一个笔画（如写"中国"，共12笔画数）后，返回起点线与第二人接力，依次进行，最先完成任务的组获胜。（图20-16）

图20-16

2. 实心球掷准、掷远

在空地上用粉笔画上投掷区，并在投掷区里标上不同的分值，进行实心球的掷远、掷准练习，以此提高学生的练习兴趣。（图20-17）

图20-17

（三）拓展运用

1. 记分

在篮球比赛中，可直接在场地边的地面上用粉笔画"正（正为5分，一个笔画1分）"来代替记分牌；排球比赛则可以先在地面上标出1、2、3……25，一方得分时，按顺序在数字上画一条斜线（图20-18），第二局再加一条斜线，将斜线变成"//"或"×"，即可循环利用。

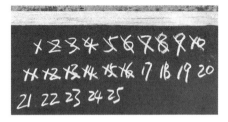

图20-18

2. 作骰子

将粉笔头放在水泥地或表面平整的石头上磨成正方体，然后用铅笔笔尖分别在6个面上点出相应的点数（图20-19），即可做成一个骰子，可临时用于飞行棋、比点数大小的游戏中。

图20-19

二十一、梯子在体育教学中的运用

梯子是一种常见的攀登用具。梯子按材质划分主要有铝合金梯、不锈钢梯、铁梯、竹梯、木梯等；按形态划分主要有直梯、人字梯、伸缩梯、单侧梯等。市面上梯子的规格有很多种，有 1m、1.5m、1.8m、2m……10m。由于梯子具有轻便结实、价格实惠的特点，可以结合实际巧妙地运用到体育课堂教学和训练中。

（一）辅助教学功能

1. 作足球门

将直梯横向立放于地面，每个格子就是一个小足球门。可以设置难度，学生进行趣味射门。若用人字梯则直接将其两脚打开就成了一个三角形足球门。

2. 作排球架

将两把梯子相距 5～10m 固定立起来，作简易的排球架，中间拉上布条、绳子或网，或者可直接将直梯横向架高当作排球网。（图 21-1）

图 21-1

3. 作篮球防守人

将高为 1～2m 的人字梯两脚打开，放置在场地内充当消极防守人，运用于篮球教学和训练。

4. 定位运球

将直梯平放于地面，学生手持篮球站于直梯一侧，然后做篮球逐格向前运球练习，也可以面对梯子横向逐格移行运球，以提高学生的控球能力。

5. 穿格传球

将直梯横向立放固定在高为 1～1.5m 的桌子上，一人扶梯，练习者站于两侧进行胸前传接球练习，要求篮球必须从直梯格子中通过；也可以将梯子固定在墙面上，进行单人传球练习。

6.合作跑

将直梯平放，学生分成两组站于梯子左右两侧，然后用内侧手抓握梯子进行合作跑的练习。

7.辅助篮球击地传球

将直梯横立于地面，一人扶梯，练习者进行篮球击地传球，要求篮球先从梯洞中通过，再传至对面同伴手中。（图 21-2）

图 21-2

（二）在体能练习中的运用

1.仰卧推举

根据直梯的长度，2～8 人平躺在体操垫或草坪上，将平梯横放于胸前，双手抓握横档，进行仰卧推举直梯的练习，可安排规定时间或规定次数的练习。

2.负重仰卧起坐

两人或者多人躺在体操垫上，手握直梯于胸口位置，合力做负重仰卧起坐，在规定时间内完成个数多的组获胜。

3.直立推举

两人或者多人直立将直梯抓握在胸前，同时将直梯举过头顶后恢复至起始动作，如此反复若干次，以锻炼上肢力量。

4.过平梯

将直梯横放于高处，距离地面 1～2m，下方铺上体操垫，两人扶梯。练习者在梯子下方从一端攀爬至另一端。

5. 协作踩梯沿

将梯子平放于地面，两人一组面对面拉手站在梯子一端的两侧边沿，协作通过整个梯子，若途中掉落或双脚触及梯子其他位置，则回到起点重新出发。

6. 螃蟹横爬

把人字梯展开放倒，双手双脚各撑于人字梯两边，然后做往返移动，以此锻炼上下肢、腰腹的力量，可安排两人在梯子两侧用脚抵住以保证安全。（图21-3）

图 21-3

7. 斜面肋木架

直梯靠墙即成简易的斜面肋木架（图21-4），学生进行攀爬、移行等练习。可以根据练习需要调整不同的靠墙角度，在练习时要做好梯脚的固定工作，以确保梯子不滑落。

8. 梯子乐园

将多副直梯和人字梯组合搭建在一起，组合成曲桥、云梯（图21-5）等各式各样的障碍，供学生进行攀爬练习。

9. 走平梯

将多副直梯头尾相连平放于地面，学生从梯子中间横档或边上支柱慢慢行走，从一端走到另一端（图21-6），看谁走得又快又稳。

图 21-4   图 21-5

图 21-6

10. 跳梯格

将直梯平放于地面，学生可采用单脚、双脚或单双脚交替等方式进行纵向、横向、多级等跳梯格练习。（图21-7、图21-8）

图21-7 图21-8

11. 梯子杠铃

将直梯当作简易杠铃，学生根据自身的力量选择合适的梯子进行练习。一人一梯，学生可以进行负重深蹲（图21-9）或直臂前举（图21-10）等力量练习。

图21-9 图21-10

建议：也可以多人一梯进行合作练习。

12. 负重走或跑

一人一梯，肩扛着梯子走或跑（图21-11），也可多人抬梯子走或跑（图21-12）。

13. 辅助立定跳远

将梯子平放或者横向立起来，学生从梯子上面跳过，体会收腹、小腿前伸等

动作。（图 21-13、图 21-14）

图 21-11

图 21-12

图 21-13

图 21-14

（三）在体育游戏中的运用

1. 过泸定桥

学生 10 ~ 12 人一组，两路纵队成跪姿（单膝或双膝）用肩抬着一把平放的竹梯。发令后，每人依次暂时离开自己的岗位，从竹梯的一端爬到另一端后再返回岗位，爬姿不限，完成任务最快的组胜出。

2. 竹梯角力

在地上画 3 条间距为 1m 的平行线，中间为中线，两边为界线；学生 2 ~ 3 人一组，两两对抗，两组队员分别站于中线两边，面对面站立手扶一副横立竹梯。发令后，两组队员用力互推，先将对方推至界外的组胜出，在角力过程中不可突然泄力。

3. 抬伤员

学生 5 人一组，4 人抬竹梯作担架，1 人骑坐在竹梯中间作伤员，4 人抬着

担架绕行一圈后返回起点，依次轮换角色，直至每人都体验一次伤员的角色。（图21-15）

图 21-15

建议：抬伤员时，要又稳又快，避免伤员二次受伤。

4. 勇攀高峰

将高为 1.5 ~ 3m 的人字梯（两脚打开）竖立在地面上，两名学生扶持四周固定。学生依次体验从梯子一侧攀爬至顶部翻越后从另一侧攀爬下来；也可以增加难度，在梯子顶部设置一个直径约 70cm 的呼啦圈，学生爬到顶部后钻过呼啦圈再攀爬下来。（图21-16）

建议：可以在梯子下方铺上体操垫。

5. 勇攀斜索桥

将直梯上端靠于高台（如绿化台阶、升旗台、窗台、桌椅、墙壁），固定好梯脚，形成一条斜索桥，学生手脚并用慢慢从斜索桥上面通过（图21-17），也可以尝试直立行走（图21-18），培养挑战自我的信念。

图 21-16　　　　　　图 21-17　　　　　　图 21-18

建议：做好保护与帮助工作；用于架设梯子的高台应由低到高，循序渐进。

二十二、衣服在体育教学中的运用

按材质划分，衣服可分为棉布料、丝绸料、涤纶料等；按穿着的位置划分，衣服可分为上装、裤装等；按用途划分，衣服可分为表演服、居家服、校服、运动服、号码服等。在日常体育教学中，训练背心在体育测试、比赛、分组教学中被广泛运用，教师也可充分利用学生现有的衣服或者淘汰的衣服进行创造性活动。总之，按需求将衣服在体育课堂教学中加以运用，不但方便，而且能激发学生的练习兴趣，给学生带来更多的乐趣和惊喜。

（一）辅助教学功能

1. 作分组标识

在教学中让学生穿上不同颜色的训练背心（又叫马甲），以满足教学分组、比赛分组、体育测试分组等需求，方便快捷，一目了然。（图 22-1）

图 22-1

2. 辅助前滚翻

根据学生的能力，在离起跳点适宜位置的体操垫上放置一件或多件衣服（平放或叠高）作为障碍物，学生从衣服上跃过做远撑前滚翻或鱼跃前滚翻练习，以此辅助学生进行滚翻时的远度和高度练习。（图 22-2）

图 22-2

3. 辅助立定跳远

在立定跳远教学中，学生将脱下的外套，放在目标远度的位置，然后用力跳过衣服，跳出设定的目标远度。此方法既可以直接判断谁跳得更远，也可以解决落地时小腿不前伸的问题，还可以激发学生练习的兴趣。（图 22-3）

图 22-3

4. 作接力物

衣服可作为接力物进行各种接力比赛，也可作为春播秋收、击鼓传花等游戏的道具。

5. 投掷衣服

将衣服塞进一个袖口形成布团，也可将单件或多件衣服用袖子包扎成团变成投掷包，学生用单手或双手进行掷远、掷准的练习。

6. 作目标靶

将废旧上衣打开并固定在适宜高度处，作为投掷目标靶，学生站在一定距离处用纸球、沙包、塑料瓶等轻物掷向衣服；也可以作足球踢凌空球的目标靶。

7. 作提示物

（1）辅助队列队形教学。

在停止间转法、左右转弯走等队列队形练习时，有些学生容易出现分不清左右脚或左右侧的问题，特别是小学低年级学生。为此，可以让学生把左（右）脚裤腿或左（右）手袖子卷起来，使其明显短于另一侧，有助于学生发现和改正错误动作。例如，在练习"向左转"时，卷起左手袖子或左腿裤脚，学生向卷起袖子或裤脚这一侧转90°即可。

（2）辅助技术教学。

在跳远、三级跳远、跨栏或跳高技术教学中，当学生确定起跳脚或起跨腿后，让学生把起跳脚或起跨脚的裤腿卷起来，使其明显短于另一侧，有利于学生明确自己的起跳脚或起跨腿；在站立式起跑时，要求前侧腿的异侧手在前，为避免练习时一些学生出现同侧手在前的错误动作，以左脚（有力脚）在前为例，让学生将自己的左脚裤腿和右手袖子卷起来，在听到"各就位"口令时，让卷起裤腿和袖子的一脚一手在前（左脚抵于起跑线后，右手屈肘于体前）即可。

（二）在体能练习中的运用

1. 拧麻花

学生两人一组，面对面站立，抓住衣服的两头，往相反方向拧衣服，直到衣

服不能拧动为止；也可以一人拧，一人不拧。要求双方力量相近，避免一边倒现象。（图22-4）

图22-4

建议：①若条件允许，可以与生活接轨，安排拧湿衣服比赛，看哪组将湿衣服拧得又干又快；②可以用空盆来接拧出的水，最后看哪组在规定时间内拧出的水多。

图22-5

2.拉衣角力

学生两人一组，各抓住衣服的一端站于中线两边，两人互拉，先将对手拉过中线的胜出。练习也可一人蹲立，一人站立，站立者拉动蹲立者移动一定距离为胜利，反之蹲立者获胜。（图22-5）

3.跳大绳

将多件衣服绑在一起，形成一条长绳，学生3人或多人进行各种跳长绳练习。（图22-6）

图22-6

4.躲避跳

甲、乙两人一组，甲抓住衣服一头在乙膝关节以下部位进行一定节奏的来回甩动，乙根据衣服的位置及时起跳避让，避免被衣服碰到。（图22-7）

5.连续跳跃

将衣服摆成各种造型，学生进行多种形式的跳跃练习。（图22-8）

6.俯撑脱衣服

学生穿着一件开衫外套，俯撑于地面，然后保持单手支撑姿

图22-7　　　　图22-8

势，把外套从身上脱下，看谁脱衣服的速度最快。（图 22-9）

7. 抛接衣服

将衣服塞进一个袖口，形成布团，学生两人一组，间隔一定距离进行抛接练习。此练习也可换成多人围成圆圈或者其他形式。（图 22-10）

8. 旋转衣服

每人拿一件衣服，一手抓住衣服的一角，然后两手交替换手将衣服绕颈部、腰部、膝部等身体不同部位进行旋转，尽量保持衣服在飞舞状态，不下垂。（图 22-11）

9. 抢衣服

将长袖外套系在腰间，不打死结，学生两人一组，在规定区域内，通过角力，夺取对方的衣服，先夺取对方衣服者胜出。（图 22-12）

10. 蜘蛛行

学生手脚仰撑在地上，将一件衣服打结成团或直接放在腹部，然后手脚交替向前、向后、向左、向右爬行，在衣服不掉落的情况下，看谁爬得稳、爬得快。

（三）在体育游戏中的运用

1. 双人转

将多件衣服绑在一起，形成一条长绳，两名学生分别站在绳子的两端并用手拉住准备。游戏开始后，两人同时向长绳中间旋转，

图 22-9

图 22-10

图 22-11

图 22-12

将衣服卷至身上，直到两人卷完衣服相聚，立即换方向旋转让衣服脱身，可进行小组赛，用时最短的组获胜。（图22-13）

图 22-13

2.三子棋

在地上画一个九宫格，学生 3～5 人一组，通过往返接力的形式分两组进行对抗。接力距离约 15m，利用两种颜色的训练背心或衣服（若衣服一样，可利用衣服的正反面）作棋子，依次接力下棋，先完成三子连线的小组胜出，连线可以是纵线、横线或斜线。

建议：将九宫格调整为十六宫格，进行四子连线。（图22-14）

图 22-14

3.衣服飞舞

取一件比较轻盈的衣服，学生两人一组，并排站立，内侧手高举各拉住衣服（可两件衣服拼接）的一个袖口，然后向前快速跑动，直到让衣服在空中飘起来，看哪组的衣服在空中飞舞的时间久。（图22-15）

建议：本游戏可以单人玩，学生双手上举各抓住衣服的一个袖口向前奔跑。

图 22-15

4.合作抛球

学生两人或多人一组，将衣服打开拉平，衣服上放一排球，合作抖动衣服将球抛起，然后用衣服接住下落的球，并再次上抛，如此连续抛接球，在球不落地的情况下，看哪组抛接次数最多。（图22-16）

图 22-16

5. 掀衣猜部位

学生两人一组，间隔一定距离站立，一名学生将衣服盖在头上，并用手指指着某个部位（如鼻子、耳朵、嘴巴等）站于终点等候，另一名学生从起点跑向终点，到达终点后也用手指指着某个部位，掀起盖头后，两名学生若所指部位相同，则互换角色，若不同则跑回起点重新出发，直到两名学生相同为止。（图22-17）

图22-17

6. 盲人列队

学生均分成若干组，每名学生在规定的范围分散场内，将一件衣服盖在头上。游戏开始后，学生按队列指令要求（横队或纵队），在不出声的情况下，摸索列队，完成任务用时最短的组胜出。（图22-18）

图22-18

7. 抬花轿

取一件厚实的衣服，学生3人一组，两人各拉住衣服的两边形成一座花轿，另一人坐在花轿上；两人抬轿一人坐，向各个方向移动，熟练后可安排比赛。

建议：在草地上进行或在下方铺上体操垫；花轿离地高度约50cm。

8. 捕鱼

指定两名学生为渔夫，拉住一件（多件）衣服，形成一张网，其余学生散在规定场地内作鱼。渔夫跑动用网去抓鱼，被捕到的鱼退出场地，在规定时间内还有鱼存活则鱼胜利，渔夫做若干个体能练习，反之渔夫获胜，鱼做若干个体能练习。（图22-19）

图22-19

9. 甩衣比准

在干净场地上放置 2 ～ 4 块拼接在一起的小体操垫，学生站在离垫一定距离的投掷线后，一手抓住一件衣服的领子上举进行圆周甩动，让衣服在空中旋转起来，然后择机将衣服甩向前方的体操垫，每人甩 3 ～ 5 次，看谁甩中次数多。

建议：①将若干块小体操垫酌情叠高作为目标物，让游戏变得更有趣味性；②可以将若干块小体操垫由近至远放置，分别表示分数从低到高，让学生自行选择投掷目标，让游戏更富有挑战性；③可以在投掷线前方一定高度上放置一个大呼啦圈，让学生将衣服甩向呼啦圈。

10. 时装秀

学生均分成若干组，各组利用自己身上的衣服及教师准备的方巾、布条、帽子等织物，通过想象设计，对自己进行时尚且别具一格的打扮，然后分组依次上场走 T 台，来一场与众不同的时装秀。

建议：①可以利用篮球、排球、足球、体操棒、毽子、跳绳等体育器材作展示道具，让时装秀风格迥异，更加精彩；②可以每组推荐几人进行展示，其他人作鼓乐队或啦啦队，烘托气氛。

11. 打活动靶

学生分成两组，一组人手一个纸球或荞麦沙包作投掷组，另一组将上衣后领上提盖在头上或脱下上衣盖住脑袋作活动靶。游戏开始后，作活动靶队员依次从投掷组前面一定距离处走过，投掷组队员用手中投掷物击打活动靶的上身，然后交换角色，比一比，看哪组击中次数最多。

12. 背人换衣

学生两人一组，各穿一件大背心，然后一人背另一人准备。游戏开始后，在背上的人不落地的情况下，两人通过合作互换背心，看哪组最先完成。（图 22-20）

图 22-20

13. 穿衣脱衣 1

学生均分成若干组，成纵队站立在起点线后，每人穿着外套或统一分发训练背心。发令后，第一轮每组学生轮流出发，跑到终点线脱下外套或训练背心，并放在终点线上。第二轮采用同样方法，每人跑到终点线穿好自己衣服返回，直到最后一人穿好自己衣服返回为止，以完成的先后顺序判定名次。

要求：为了比赛公平，参赛学生尽量统一着装（如校服）；必须在终点处穿好衣服（统一标准）方可返回。

建议：①在穿衣服时，可要求两臂穿进两只袖子，衣服前的拉链或扣子不用拉上或扣上；②可结合篮（足）球运球、跳绳、单脚跳等动作，以增加游戏难度与趣味性。

14. 穿衣脱衣 2

学生均分成若干组，成纵队站立，排尾学生手拿一件背心站在排头学生边上。发令后，排尾学生帮助排头学生穿上背心后，排头学生转身与第二名学生两手互拉，排尾学生辅助脱下背心传给第二名学生后回到队尾，第二名学生转身与第三名学生两手互拉，排头学生辅助脱下背心传给第三名学生，如此每人依次当一次辅助者，

图 22-21

背心依次传递，直到背心穿在排尾学生身上为止，看哪组最快完成。要求在传递过程中衣服必须穿好，方可继续往下传递。（图 22-21）

建议：①使用特大号背心或短袖效果更佳；②为了快速合理穿脱衣服，上一名学生（脱衣）与下一名学生（穿衣）两手互拉时，尽量身体前倾成一条直线。

15. 同裤行走

学生两人一组，并列站立，内侧腿穿上一条废旧大裤子，用手提着裤腰（避免滑落）。发令后，两人保持同一节奏，快速前进到终点，比一比，哪组用时最少。

建议：可进行小组接力比赛。

16. 袋鼠接物

甲、乙两人一组，面对面相距一定距离站立，甲两手提起上衣下摆，让衣服在胸前成一个"口袋"状，乙手持若干个纸球或荞麦沙包等轻物。游戏开始后，乙将手中轻物逐个掷向甲的"口袋"，然后两人交换角色继续，最后计算两人的投中数量，看哪组投中数量最多。要求"口袋"在两脚不动的情况下接住轻物方为有效。

17. 袋鼠运粮

学生均分成若干组，成纵队站在起点线后，各组第一人两手提起上衣下摆，在胸前形成的口袋里放入若干个垒球或沙包等轻物作粮食。发令后，第一人并脚向前跳跃，绕过前方标志物后返回起点，将粮食倒进第二人的口袋里，第二人按同样方法进行，以此类推，直到最后一人返回起点为止，看哪组最先完成。若途中粮食掉落，须原地停下捡好后，方可继续游戏。

18. 大风车

甲、乙两人一组，面对面相距 2m 站立，甲手抓一件衣服在体前垂直甩动旋转，就像旋转的大风车，乙将手中的小纸球、布块等轻物抛向大风车，若轻物被风叶（衣服）拦截则甲得 1 分，反之穿过风叶则乙得 1 分，若轻物不在风叶的范围内为无效须重抛。乙连续抛投 5 ~ 10 次后，两人交换角色继续游戏，最后看谁得分多。

19. 衣扇吹物

学生两手拿着一件衣服站在起点线后，在起点线上放置一个空塑料瓶（空易拉罐）。游戏开始后，学生对准地上的瓶子用力扇动衣服，看谁先将瓶子吹到终点线。要求只能用衣服扇动产生的风来吹动瓶子。

建议：①高年级学生可以用排球或气排球来代替瓶子，低年级学生可以用乒乓球、废纸等轻物代替瓶子；②可进行小组接力比赛。

20. 斗牛士 1

甲、乙两人一组，甲双手持篮球扮牛，乙双手拿着一件衣服（作红布且要打开）置于身体一侧扮斗牛士。游戏开始后，甲双手平举篮球跑向斗牛士举着的红布，通过衣服后，准备再次跑向红布，如此反复若干次后，两人交换角色体验。（图 22-22）

图 22-22

建议：①本游戏以体验为主，不进行比赛；②可以在牛快要接近红布时，斗牛士不动，迅速移动衣服（向上拉或向身体另一侧移动），以躲避牛。

21. 斗牛士 2

画一个直径为 10m 的圆形场地或边长为 10m 的矩形场地作斗牛场；学生 6 ～ 10 人一组，挑选两人分别作斗牛士和牛，其余队员作红布；牛双手持一个篮球作牛角，红布队员脱下外套用袖子打结连成一串，

图 22-23

然后双手举起衣服；牛站在红布前面，斗牛士站在红布后面。游戏开始后，牛想方设法把斗牛士撞倒（篮球触及斗牛士身体），斗牛士则指挥红布移动挡住牛从而不被牛攻击到。牛只要牛角碰到斗牛士就算赢，相反如果牛撞到两次红布就算输。（图 22-23）

要求：①作红布的人双手始终抓着连成串的衣服，不能脱节；②斗牛士不能移动；③必须在规定场地进行，否则判违规方输。

22. 运送炸药包

将若干件衣服用袖子包扎成团作炸药包，学生分组进行各种形式运送炸药包的接力比赛，如爬过通道、走过独木桥、跨过小沟、跳过栅栏、钻过树洞、翻过矮墙、绕过树林、躲过轰炸（安排学生用荞麦沙包或纸球来击打通过本区域的"运炸药战士"）等障碍。学生通过设置情境，体验当一名"勇敢战士"的成功感，感受并体验军人勇敢、不怕困难的意志品质。

二十三、鞋子在体育教学中的运用

鞋子主要由皮革、布帛、胶皮等材料制成，它的种类很多，有休闲鞋、运动鞋、皮鞋、胶鞋、布鞋等，各类鞋子均有不同的尺码。在体育教学中，若能巧妙地将学生现成的鞋子或者淘汰的鞋子加以运用，既能给学生留下深刻的印象，又能提高学生的学习兴趣，使师生轻松地完成体育教学目标。

（一）跑步教学演示

1. 弯道跑

弯道跑教学（以逆时针跑为例）课前，在左鞋底前脚掌外侧和右鞋底前脚掌内侧位置，涂上醒目的颜料。在教学中将鞋子作为演示物，使学生更直观地感知脚掌的发力位置，初步形成动作表象，建立正确的弯道跑概念，激发学生练习的积极性。（图23-1）

图 23-1

2. 加速跑

在加速跑教学中，要求学生在跑步时身体前倾，以前脚掌着地进行快频率的跑步。为了让学生直观地了解动作技术，教师拿出事先准备的一双鞋子（在鞋子前脚掌位置涂上醒目的颜料）边讲解边模拟跑步动作。（图23-2）

3. 耐久跑

耐久跑不同于弯道跑和加速跑，一般有全脚掌着地（图23-3）和后脚跟滚动到前脚掌（图23-4）两种方式，在鞋底相应位置涂上醒目的颜料，让学生有直观的认识。

图 23-2　　　　图 23-3　　　　图 23-4

（二）足球教学演示

1.脚触球部位

用彩色胶带粘贴在鞋子的脚内侧（图23-5）、脚背正面（图23-6）、脚背内侧（图23-7）、脚背外侧等部位，进行足球的运传球等技术动作练习，使学生直观地感知触球部位。

图23-5　　　　　　　　　图23-6　　　　　　　　　图23-7

2.击球部位

将鞋子和足球结合演示，让学生直观形象地知道脚击球部位与足球运动轨迹的变化，如短传一般用脚弓推击球的中间部位（图23-8），成地滚球；长传一般用脚背内侧击球的中下方；等等。

图23-8

（三）作为标志物的运用

1.作起始标志物

将鞋子放在地上，作为接力跑、跳跃、投掷等练习的起始标志物。（图23-9）

2.作标志点

将鞋子横向、纵向有规律或无规律地摆放，学生根据鞋子的位置进行站位、跑、跳、跨、绕等各种练习。例如，在田径训练中，鞋子可以作

图23-9

为高抬腿、小步跑、跨步跳、跳跃等练习的标志点。（图23-10）

图 23-10

3. 作球门

将两只鞋子摆在一定距离外的地上，作为足球、门球等的临时简易球门，激发学生练习的兴趣。

4. 画脚印

用粉笔沿着鞋子的边缘画脚印，方便快捷又美观，可用于画行走、起跳、落地等脚印，如三步上篮的脚印、立定跳远的起跳脚印（图23-11）、跳高的起跳脚印等。

图 23-11

（四）在体育游戏中的运用

1. 找鞋比快

学生分组，每人脱下一只鞋子，由专人负责将鞋子随意放在一定范围的场地内。游戏开始后，学生单脚跳跃去寻找自己的鞋子，找到鞋后穿好鞋子，迅速跑回起点。此游戏也可以增加难度，如两人或多人手牵手进行。（图23-12）

2. 推鞋入圈

在场地上分别画两个半径为1.5m和5m的同心圆，学生站在外圈脱下一只鞋子单脚站立等候。发令后，学生用支撑脚边跳跃边将鞋子慢慢向内圈踢，触到内圈线后，第一时间穿好鞋子跑回外圈站好。（图23-13）

3. 泛舟滑行

在空旷的地面上画两条相距5m的平行线，分别作起始线、终点线；学生在起始线后脱掉鞋

图 23-12   图 23-13

子，站在鞋面上做好准备。游戏开始后，学生双脚紧贴鞋面交替向前滑动，比一比，看谁先到达终点。（图23-14）

4.天女散花

找一块空旷的场地，学生排成一列横队，双脚前后站立，后脚与鞋子处于半脱离状态。游戏开始后，学生将后脚的鞋子用力向前踢出去，看谁的鞋子踢得远，随后根据口令统一单脚跳向鞋子并穿好鞋子。（图23-15）

5.拖鞋入筐

学生每人3～5只拖鞋，站在标志线外用一只脚套住拖鞋，踢进放置于前方一定距离的纸箱里。为了便于踢动拖鞋，可以使用大号拖鞋，或直接赤脚穿拖鞋踢效果更好。（图23-16）

建议：可以两脚夹住拖鞋，跳起后将鞋抛向目标筐。

6.滑鞋旅行

学生若干人围成一圈，身体右侧对圆心站立（前后距离约一臂），每人脱下自己的右鞋，并将右脚踩在鞋面上。发令后，所有学生同时向后（向前）拖移右鞋至下（上）一位同学脚下，接住前（后）面同学的鞋子，然后继续拖动传递，依次进行，直到自己的鞋子回到原来的位置。（图23-17）

建议：可以面向（背向）圆心向左（向右）拖移鞋子；也可以每人自定用来

图23-14

图23-15

图23-16

图23-17

拖移的鞋子（左鞋或右鞋）。

7. 脱鞋穿鞋

学生均分成若干组，在终点处各放一个呼啦圈，各组学生排成纵队在起点处准备。发令后，第一轮每组学生轮流出发，跑到终点脱下一只鞋子放入呼啦圈，然后单脚跳回。第二轮采用同样方法，每人先单脚跳到终点穿好自己鞋子后跑回，直到最后一人穿好自己鞋子返回为止，看哪组最先完成。（图23-18）

图 23-18

建议：可以结合篮球运球、跳绳等动作，让游戏更精彩、更有挑战性。

8. 夹鞋跳

学生将一只鞋夹在两腿之间向前、向后、向左、向右跳跃，也可以进行小组接力比赛。

（五）拓展运用

1. 作手鞋

每人准备一双干净的鞋子，将鞋子套在手上，然后俯身手足着地向前爬行，也可以进行小组接力比赛。（图23-19）

图 23-19

2. 作接力物

将家里淘汰掉的鞋子刷干净当作接力物进行各种接力游戏，也可作为春播秋收、移位换物等游戏的道具。（图23-20）

3. 作投掷物

将家里淘汰掉的鞋子刷干净当作投掷物，用单手或双手进行各种掷远、掷准练习。

图 23-20

4. 作丈量尺

每只鞋子都有固定的长度，在体育教学或比赛中，有时可以用鞋子来丈量距离，如拔河比赛中的河界，先画好中线，然后用两脚（以鞋长 30cm 为例）交替连接向一侧走 5 步，就有了 1.5m 的河界，用同样方法丈量另一侧河界。

5. 作棒球棒

将淘汰掉的鞋子刷干净，套在手上（掌心与鞋底同向）作棒球棒，然后用鞋底将放在支架上的垒球或抛在空中的垒球击打出去，看谁打得准、打得远。

6. 作目标筐

学生站在离鞋子一定距离处，用瓶盖、象棋棋子、乒乓球、纸球等小物体投至鞋子内，每人投 5 ~ 10 次，看谁投中得多。（图 23-21）

图 23-21

7. 创意大比拼

学生将干净的鞋子放在腹部或背部，进行仰撑爬行、手足爬行、仰卧推起成桥等练习，看谁坚持时间久或在规定时间内看谁的鞋子不掉落。也可以让学生自主创编动作，培养学生的创新意识。

二十四、塑料瓶在体育教学中的运用

在日常生活中，废弃的塑料瓶，包括矿泉水瓶、饮料瓶等随处可见，且具有收集简单、轻便小巧的特点。若能在体育教学中适时、合理、创造性地运用，则可以变废为宝，使单调而枯燥的练习变得更有乐趣，从而解决体育器材不足的问题，让塑料瓶更好地为体育教学服务。

（一）作为标志物的运用

1. 作标志点

将矿泉水瓶作为各种标志点，如起点、终点、折返点及障碍点等。

2. 作起跳点

将矿泉水瓶作为跳高、跳远的起跳点，既醒目，又方便拿取。

3. 作远度标尺

将矿泉水瓶按丈量好的远度摆放，作为学生投掷项目练习的远度标尺。

4. 作分道线

在直跑道上摆放几个矿泉水瓶作为分道线。

5. 作区域线

在排球教学中，将矿泉水瓶摆放在规定区域作为排球传、垫到位的区域线。

6. 作简易球门

学生在进行足球脚法训练时，可用两个矿泉水瓶当作简易球门，进行足球传球和射门的准确性练习。

7. 作暂停标志

将大矿泉水瓶外贴上红色"暂停"两字，以便在投掷项目、跳跃项目及球类比赛暂停时使用。

8. 作道次牌

将大矿泉水瓶装入适量的水，瓶外贴上"1～8"的数字，用作田径比赛中的道次牌。

（二）在行走类教学中的运用

1. 夹瓶行走

学生在两腿之间夹一个矿泉水瓶行走，在矿泉水瓶不落地的情况下，看谁先到达终点，也可以用小组接力的形式进行。（图 24-1）

2. 顶（托）瓶行走

将空矿泉水瓶装入 1/3 的水，学生把瓶子顶在头上或托于手心，进行竞走比赛，瓶子不落地且先到达终点者获胜。（图 24-2）

3. 瓶顶瓶行走

学生每人两个空瓶子，一手抓一个瓶子的瓶口（瓶底朝上），将另一个瓶子（瓶口朝上）放在上面，叠成一个小"瓶塔"，然后在瓶子不

图 24-1　　　　　　　图 24-2

掉落的情况下（若掉落，须捡起放好方可继续），看谁走得稳、走得远。也可以组织小组接力比赛。（图 24-3）

4. 过雷区

在一个长方形的场地内，放置多个矿泉水瓶，甲、乙两人一组，甲背着乙，甲蒙住眼睛，由乙指挥着甲从场地的一边穿过雷区到达另一边，碰倒瓶子数最少的一组获胜。

5. 托瓶比稳

学生分成人数相等的两组站立于起跑线后，排头将一个矿泉水瓶托于手心或将瓶竖放于羽毛球拍（图 24-4）、乒乓球拍上，途中不能用手扶瓶，若瓶落地，

图 24-3　　　　　　　图 24-4

须捡起放好，并重回到瓶落地点继续。以接力的形式完成规定的距离，用时最短的组胜出。

（三）在奔跑类教学中的运用

1. 障碍跑

将矿泉水瓶定点摆放成不同形状，学生绕瓶进行曲线跑、折返跑、横向跑、后退跑等各种跑的练习。

2. 快速击瓶

将矿泉水瓶定点摆成适当间距的不同图形，学生均分成若干组，每组第一人按规定路线快速跑动并击倒所有瓶子后回到起点与下一人接力，下一人按路线跑动并将瓶子立好，以此类推，直至最后一人完成，用时最短的组胜出。

3. 搬运接力

将若干个灌有水的矿泉水瓶堆放在指定位置，学生均分成若干组，在规定的距离外成纵队站好。开始后，学生依次跑到指定位置抢运物品，每次只可搬运一个矿泉水瓶，回到起点后，下一名学生再出发，在规定时间内看哪组抢运的货物多。

4. 拼图接力

学生均分成若干组，站于起点线后，每人手拿一个饮料瓶。开始后，每组学生轮流出发，跑到指定区域将瓶子组合摆成规定的图形（数字或文字），先完成的组胜出。

5. 作接力棒

用小塑料瓶代替接力棒，进行各种接力跑练习。

6. 换物跑

在规定区域内设计多个点，在每个点上各放一个矿泉水瓶，学生依次交换每个点上的瓶子（如把第一个换到第二个点，第二个换到第三个点，最后一个换到第一个点），最先完成的人胜出；也可设计接力赛，每人出发交换一次水瓶后回到起点，下一人再出发。

（四）在跳跃类教学中的运用

1.障碍跳跃

将若干个装满水或沙子的矿泉水瓶，用绳子连接形成几个栏架，或直接立放作障碍，以适当距离摆放在场地上，学生进行连续单脚跳、双脚跳、收腹跳等障碍跳跃练习。（图24-5）

2.摸高

将矿泉水瓶悬挂于高处，高低错落，作为摸高点，学生进行跳跃练习，发展弹跳能力。

图24-5

3.脚抛手接

学生双脚夹住一个空矿泉水瓶，原地跳起将矿泉水瓶向上抛起并用手接住，每人抛接10次，接到瓶子次数多者获胜。（图24-6）

4.单足运瓶

学生一腿屈膝向后夹住矿泉水瓶，单腿跳至一定距离处的终点线。在跳跃途中若瓶子落地，须停下夹好后方可继续，看谁最先跳到终点线。可以组织小组接力比赛。

图24-6

5.兔跳接力

学生分成人数相等的两组，以纵队形式站立。开始后，排头双腿夹瓶跳至折返点返回，并将瓶用手传给下一人，依次进行接力，最先完成的组胜出。（图24-7）

（五）在投掷类教学中的运用

1.掷远

将矿泉水瓶装上适量的水或沙子作为投掷器材，可

图24-7

模仿手榴弹掷远（图 24-8），也可以作为垒球、标枪等掷远教学的辅助器材。

2. 掷准

将矿泉水瓶装上适量的水或沙子作靶子，立放在场地上，学生站于一定距离处的投掷线后，用瓶子、沙包、纸球等轻物进行打靶练习或比赛。

图 24-8

3. 打移动靶

学生手持若干个空矿泉水瓶，分两组站在相距 10 ～ 20m 的两条线后，一人用展开的小垫子盖在头上作靶子向前移动，投掷者用瓶子击打移动靶，看谁击中得多。

4. 抛接杂耍

学生手持一个或多个装有适量水的矿泉水瓶，进行各种姿势的抛接练习，如一个瓶子的旋转抛接、背后抛接、胯下抛接或多个瓶子的左右手轮番抛接等。

5. 两人对抛

将一个矿泉水瓶装上适量的水，两人一组相距 2 ～ 5m，进行对抛或互抛互接练习；可以提升难度，先一人一瓶，然后互抛互接两个瓶子。

6. 套圈比准

将若干个矿泉水瓶按一定的距离立于地面，学生用竹圈或塑料环进行套圈比准练习。（图 24-9）

7. 打保龄球

将一个或多个空矿泉水瓶装上适量的水或沙子，竖立在地面上，学生站在离瓶一定距离处的投掷线后，用实心球或排球当保龄球，进行打保龄球的练习或比赛。（图 24-10）

图 24-9　　　　　图 24-10

8. 同步抛接

学生 3 ~ 10 人一组，每人一个塑料瓶，间隔 1 ~ 2m 围成圆圈站立。发令后，大家同时向上抛起瓶子，同方向快速移动去接住自己右（左）边队员的瓶子，瓶子不掉落为成功（反之继续抛接，直至瓶子不掉落），然后以同样方式继续抛接，直到队伍回到原来位置为止，看哪组最先完成任务。要求人动瓶不动。

建议：由人动瓶不动改为瓶动人不动，也就是学生原地不动，让瓶子沿顺（逆）时针转一圈或成功完成规定次数。

9. 空中拦截

学生分成人数相等的两组，一组用空矿泉水瓶掷远，另一组每人手持一个空矿泉水瓶在规定的范围内拦截对方掷过来的空瓶，统计通过拦截区的瓶子数量，双方互换角色进行，掷过拦截区瓶子多的组胜出。

10. 挥瓶鞭打

学生两人一组，一人手持空瓶子上举横放，另一人手持空瓶子对准横放的空瓶子做挥臂鞭打动作，辅助垒球投掷教学。（图 24-11）

11. 放焰火

学生每人手持一个空矿泉水瓶，保持一定的间距围成圆形，同时将瓶子向空中抛掷，并在瓶子落地前接住，看谁抛得高、接得稳；也可在抛与接的间隙击掌。

图 24-11

12. 推铅球

将矿泉水瓶装满水或沙子作铅球或实心球，学生进行前抛、后抛及推铅球的练习，既安全又有趣。

13. 你抛我抢

学生 3 人一组，其中两人相距约 3m，用空矿泉水瓶互相抛传，一人站于中间进行空中拦截，拦截成功则交换角色继续游戏。

14. 穿越封锁区

学生分成人数相等的攻防两队，防守队员分散站在长方形场地两侧，进攻队员迅速穿越封锁区，奔向终点，防守队员每人一个空矿泉水瓶向进攻队员投掷（腰部以下部位），到达终点后统计进攻队员"中弹"次数；然后互换角色进行，"中弹"次数少的队获胜。

（六）在民族传统体育项目中的运用

1. 跳流星

学生围成一个圆圈，一名学生站在圆心，手持绳吊瓶，手臂压低，让矿泉水瓶贴地面做顺（逆）时针转动，速度可快可慢，站在圆上的学生在矿泉水瓶经过脚下时要及时跳起，若被瓶子碰到则视为失败，与站在圆心的学生交换角色继续进行。

2. 舞龙

将若干个矿泉水瓶用彩纸进行装饰，将竹竿或体操棒插入瓶身（瓶口），再用绳子或布条将其连成一条龙。学生 8 ~ 10 人一组，间隔一定距离，双手持竹竿或体操棒的另一端将其举于头上，做各种舞龙动作。

3. 作脚靶

在武术教学中，把矿泉水瓶在适当位置悬挂成不同高度，当作脚靶进行练习，能使练习者更好地体验踢腿和腾空飞脚的动作。

（七）在体能练习中的运用

1. 蚂蚁运粮

学生手脚仰撑在地上，在其腹部放一个矿泉水瓶，然后手脚交替向前、向后、向左、向右爬行，在瓶子不掉落的情况下，看谁爬得稳、爬得快。

2. 俯撑抛接

学生俯撑在地，一只手持一个矿泉水瓶，然后持瓶手将瓶子抛起后迅速撑地，同时用另一只手（原撑地手）在瓶子落地前接住为成功一次，如此两手一抛一接交替进行，看谁先完成规定的抛接次数。

3. 俯撑立瓶

将若干个矿泉水瓶间隔一定距离立成一排，学生俯撑移动逐个将瓶子翻倒，折返后继续俯撑移动将瓶子立起。（图24-12）

图24-12

4. 瓶子哑铃

用装满水或沙子的矿泉水瓶替代哑铃，学生进行弯举、前平举、侧平举（图24-13）、哑铃飞鸟、哑铃负重深蹲等各种哑铃练习。

5. 负重仰卧起坐

学生平躺于垫上，双手上举抓握一个或两个装满水或沙子的矿泉水瓶，进行仰卧起坐练习。（图24-14）

6. 负重端腹

学生平躺在垫子上，双手掌心向下平放，双脚夹住一个装满水或沙子的矿泉水

图24-13

瓶，然后伸直两腿慢慢抬至45°停住，坚持到做不动为止。（图24-15）

建议：也可以将绳子系在瓶上，然后将瓶子上的绳子套于双脚上。

图24-14

图24-15

7. 鹰爪功

学生一手掌心朝下抓握一个矿泉水瓶（装满水或沙子）的瓶底，然后松手并迅速用另一只手抓住瓶底，如此两手交替抓瓶若干次，要求掌心始终朝下；可一手一瓶，同时抓接两瓶。（图24-16）

图 24-16

（八）在体育游戏中的运用

1. 赶小猪

学生若干人一组，将饮料瓶当作小猪，第一人用接力棒将一个小猪赶到指定区域，再返回起点将棒传给下一人，下一人再将小猪赶回起点，依次进行，先完成的组胜出。（图24-17）

2. 滚桶

将空的净水桶横放在地上，发令后，学生用两手推其前进，绕过障碍，先到达终点者胜出，也可以进行小组接力比赛。（图24-18）

图 24-17

3. 螃蟹赛跑

学生两人一组，背靠背中间夹一个矿泉水瓶，肘关节互勾，模仿螃蟹侧向行走，绕过标志杆以相同方式返回，可进行比赛，先完成的组获胜。

图 24-18

4. 运瓶流水线

学生10人一组，排成纵队，前后间隔一臂距离，从排头开始，依次将矿泉水瓶用从头上传（胯下传、左侧传、右侧传）的方式传至队尾，最先完成任务的组胜出。

5. 欢乐列车

学生若干人一组，排成纵队，排头双手叉腰，前后队员之间用背部和腹部相互顶住一个矿泉水瓶，组成一列列车，齐心协力向前行走（手不可扶瓶），到达终点时间最短且不掉瓶的组胜出。

6. 攻守堡垒

在平整的场地上画两个直径分别为 1m 和 12m 的同心圆，在小圆内按一定距离摆放 8 个塑料瓶作为堡垒，学生分为两队，守方派 4 人站于两圈之间，攻方所有人分散站在大圈外面。游戏开始后，攻方用两个排球同时投击堡垒，守方 4 人则极力保护堡垒，攻方将一个塑料瓶击倒或击出圈得一分，规定时间后两队攻守转换，最后累计积分多的队胜出。

7. 拆迁与建设

将 20 个矿泉水瓶按一定距离分散于半个篮球场内，10 个竖立，10 个放倒。10 名学生分为拆迁与建设两个组；在规定时间内，拆迁组需要将竖立的矿泉水瓶放倒，建设组需要将放倒的矿泉水瓶竖立起来；规定时间后，统计竖立和放倒的塑料瓶数量，多的一组胜出。在奔跑过程中要注意避让，禁止用脚踢倒瓶子。

8. 移形换位

学生 4 ~ 15 人一组，站成一排，除排尾没有矿泉水瓶外，其他队员人手一个瓶子且单手持瓶。统一行动，持瓶者同时向上抛起瓶子，后者接住前者的瓶子，瓶子不掉落为成功（反之继续抛接，直至瓶子不掉落），然后排头迅速跑到队尾，以同样方式继续抛接，直到队伍回到原来位置为止，看哪组最先完成任务。（图 24-19）

图 24-19

9. 钓鱼

将矿泉水瓶去盖充当鱼儿，在小棒的一头系上一条细绳，细绳的另一端系一枚铁钉作钓钩，学生手握小棒将铁钉放入瓶口，玩钓鱼游戏。

10. 筷子入瓶

将瓶盖往下 5cm 全部剪掉，剩余部分留作开口瓶，瓶中加入适量沙子保持稳定，学生每人 10 根长筷子面对距离 2m 处的开口瓶进行投准练习，投进多者为胜。

11. 春播秋收

在两条相距 20m 的平行线间等距离画 4 个小圆圈作种植区，将塑料瓶作为种子进行播种与收割的游戏。游戏开始后，各组第一人手持 4 个瓶子迅速跑出，将瓶子依次放在 4 个小圆圈中，跑至终点线返回，再依次将 4 个瓶子从圈中收回，跑至起点后交给下一位同伴，依次进行，先完成的组胜出。

12. 叠金字塔

用相同数量的瓶盖叠金字塔，在规定时间内看谁叠的层数多且稳定性强。

13. 瓶盖足球

在平整的场地上设一个小球门（大小视学生能力而定），学生 1～3 人一组，两组对抗，将瓶盖当足球玩射门游戏。

14. 瓶盖斗牛

每人一个瓶盖，画出一块场地，用脚踢或用手指弹自己的瓶盖撞击对方的瓶盖，先被打出界的为输。

15. 瓶盖打靶

在一定的位置放几个塑料瓶，每人手持 5 个瓶盖，依次击打塑料瓶，打中多者为胜。

16. 抢占阵地

学生 3～8 人一组，一人两个瓶盖，两组对抗，双方各站在排球场半场准备。发令后，双方将自己的瓶盖踢向对方阵地，并将对方踢过来的瓶盖踢回去，在规定时间内，阵地上瓶盖少的组获胜。要求不能将瓶盖踢出对方阵地。

17. 瓶盖归位

学生均分成 4 队，准备数量相等的各式各样的瓶子 4 套，每套均将瓶子与瓶盖分开放于两个纸箱，瓶盖放于起点，瓶子放于终点。游戏开始后，各队排头从起点出发，从纸箱内任意取出一只瓶盖，跑至终点找到对应瓶子盖上瓶盖，返回时与下一位队员接力，按同样方法，依次进行，先完成任务的队胜出。

（九）拓展运用

1. 跃瓶滚翻

在进行鱼跃前滚翻教学时，将装有少许水或沙子的矿泉水瓶横放或立放，学生进行鱼跃过瓶手撑垫子前滚翻的练习。

2. 夹瓶滚翻

初学前滚翻时，学生可双脚夹住一个空矿泉水瓶，进行滚翻练习，从而防止两腿外分、两膝外展，保证滚翻动作圆滑。

3. 瓶操

在矿泉水瓶中装入适量的小石子和玻璃珠，学生两手各拿一个矿泉水瓶，利用石子撞击产生的声音，创编一套器械操，配合一定的音乐进行练习。

4. 放松捶

矿泉水瓶可用于放松环节，学生用矿泉水瓶轻轻敲打上下肢或腹背等部位，进行放松。

5. 五子棋

两人持不同颜色的瓶盖十余个作为棋子，用五子棋棋盘，两人轮流下棋子，先连成五子（横线、竖线、斜线）的获胜。

6. 井字棋

在纸上或空地上画好井字棋盘，两人分别持 4 个同色的瓶盖，放在各自的地盘，每人轮流走一步，棋子被对方围死为吃掉（移出棋盘），将对方全部棋子困住或吃光即获胜。也可以在走的线路无障碍的情况下，用五字口诀法依次将对方的棋子吃完，如一方提子为第一步，接着走三个空格，第五步落在对方棋子上，此时这颗棋子算是被吃掉。（图 24-20）

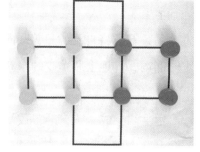

图 24-20

7. 米字棋

在纸上或空地上画好米字棋盘，两人对执，双方各持 3 个同色的瓶盖，置于本方端线上，双方轮流向邻近的空位落子前进一步（沿着黑线走，可以横走、竖走、斜走），每次只能走一步，并且只能在空位处落子，先三子连成线的一方（横线、竖线、斜线均可）获胜。（图24-21）

8. 中国象棋

取两种颜色的瓶盖各16个，用彩色笔在每个瓶盖上方写上象棋棋子名称，然后做一张象棋棋盘，即可下中国象棋。（图24-22）

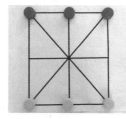 

图 24-21　　　　　　　图 24-22

9. 作壶铃

取5L的矿泉水瓶，根据学生的力量情况，往瓶内装入适量的沙子作壶铃。学生双手抓握瓶子提手进行上提（图24-23）、硬拉、深蹲等练习，也可以一手一个进行两臂侧平举（图24-24）、推肩等练习。

图 24-23　　　　　　　图 24-24

二十五、桌椅板凳在体育教学中的运用

桌椅板凳是日常生活中常见的家具，也是学校教育教学中基本的设备。在学校体育教学中，若能巧妙地将屡见不鲜的桌椅板凳加以运用，不仅可以开发桌椅板凳的其他价值，还可以让学生体验别样的体育运动乐趣。

（一）在奔跑类教学中的运用

1. 作标志物

将凳子当作标志物，按一定的间隔摆成跑道，学生进行直线跑、曲线跑、加速跑以及各种跳跃类练习。在球类运动中也可以将凳子当作运球的标志杆。（图 25-1）

图 25-1

2. 合作跑

学生两人一组，手抬一把长凳，进行各种方式的抬凳合作跑练习，还可以左右跑、后退跑。

3. 走迷宫

将多把椅子按照一定的路线摆放，部分椅子用橡皮筋或三角旗连接，设置成迷宫，学生自选路线，看谁最先走出迷宫。

4. 快乐翻转

学生均分成若干组，站于起点线后面，将若干把凳子按一定间隔摆放成直线。游戏开始后，第一人出发，将每一把凳子翻转倒立，然后迅速折返，与第二人击掌接力，第二人出发后再将每一把凳子翻回原样，依次进行，先完成的组获胜。

5. 勇过障碍

将长凳当作障碍物，根据障碍跑的设计，摆放成不同的路线，学生进行钻、

跨、跳等过障碍动作的练习或比赛。（图
25-2）

6. 负重跑

学生每人手抓或肩扛一把椅子或一张
桌子，沿跑道慢跑若干圈，看谁能坚持跑
完全程，体验别样的负重跑。

7. 钻山洞

学生均分成若干组，每组用6把凳子

图 25-2

和3块垫子搭成山洞。游戏开始后，排头
快速跑到山洞前，匍匐前进钻过山洞，然
后快速折返与下一名同学接力，依次进行，
先完成的组胜出。游戏中如果山洞倒塌，
需要重新搭建山洞后再出发。（图25-3）

8. 翻山越岭

图 25-3

将若干张课桌间隔一定距离横向摆放，学生用翻、爬、钻、跳、跨等方式依
次翻山越岭到达终点，速度快者胜出。

（二）在体能练习中的运用

1. 坐位体前屈练习器

把画有刻度线的单人椅椅脚靠墙放
置，学生坐在垫上，两腿伸直，脚底完全
贴在椅面上，两手贴于刻度线上缓慢向
前移做拉伸练习。学生可依据手指触及
刻度线的位置，了解自己的柔韧水平。
（图25-4）

2. 辅助引体向上

图 25-4

学生站在凳子上进行引体向上的练习，这样练习能使手臂的受力减小，对初

学者具有一定的帮助。（图25-5）

3. 核心力量练习

将多把凳子合并作硬垫子，学生躺在凳子上做仰卧起坐、俯卧挺身（图25-6）、收腹举腿、侧卧举腿（图25-7）等发展核心力量的练习。也可以借助凳子的高度差，做上体悬空的仰卧起坐、俯卧挺身练习。

图25-5　　　　　　　　图25-6　　　　　　　　图25-7

4. 俯卧撑

学生双手撑在凳子上做高姿俯卧撑（图25-8），力量较大者可以将双脚放在凳子上做低姿俯卧撑。

5. 柔韧练习

将课桌作压腿台，学生进行正压腿（图25-9）、侧压腿、压肩、后压腿等柔韧练习，也可以两手扶课桌进行横叉、竖叉等开胯练习。

6. 掰手腕

两人面对面站或坐于课桌两侧，右（左）手互握，手肘支撑于桌面，前臂与课桌垂直做准备，左（右）手扶于同侧桌边沿。比赛开始后，两人掌心相握，均向自己掌心方向下压，先将对方手背压到桌面上的胜出。（图25-10）

图25-8　　　　　　　　图25-9　　　　　　　　图25-10

（三）在体育游戏中的运用

1. 过独木桥

将若干把长凳前后相连摆成一路作独木桥，学生采用爬行、行走等方法依次从上面经过。（图25-11）

2. 抢凳子

将若干把凳子摆成一个圆圈，要求凳子的数量比参加人数少一把。游戏开始后，学生在音乐的伴奏下围绕凳子进行逆时针慢跑，当音乐停止时，以最快的速度抢坐凳子，未抢坐到凳子者被淘汰出局。每淘汰一人减少一把凳子，最后留于场上者获胜。（图25-12）

3. 赛马

学生两人一组，把长凳骑于胯下。游戏开始后，各组"骑马"快速从起点出发，通过标志点后折返，先完成的组胜出。（图25-13）

4. 运送物资

学生均分成若干组，各组将凳子倒放在平滑的地面上。游戏开始后，排头将物资放在凳子上，快速向前推凳子至标志点后卸下物资，然后快速返回，与下一人接力，直到所有物资运送完成，返回起点，速度最快的组胜出。

5. 抬花轿

学生3人一组，长凳腿朝上，一人坐于凳上，另外两人各抬凳子的一端快速移动，先到达终点的组胜出，3人可互换角色。（图25-14）

图25-11

图25-12

图25-13

图 25-14

图 25-15

6. 挤油尖

学生 4 人一组，两两为一小组，两个小组背对背紧贴坐在长凳中线两端，双脚顶地，做好向后用力的准备。游戏开始后，4 人同时向后用力挤，

直至把另一小组两人挤出凳面为胜。（图 25-15）

7. 负重搬运

把椅子当作重物，单人搬运一把或多把椅子，在规定的距离内折返，搬运次数多的为胜。

8. 造型大赛

学生均分成若干组，用手中的桌椅摆出各式造型，再进行评比，培养学生的合作探究能力。

9. 凳上换位

学生两人一组，面对面站在凳子上，然后两人通力合作，相互交换位置，在人不落地的情况下，看哪组最先交换成功，若人落地则重新开始。（图 25-16）

图 25-16

10. 旱地龙舟

学生均分成若干组，分别坐于凳子上成纵队排列，要求每组凳子的数量比参加人数多一把，排尾的凳子空出。游戏开始后，小组合作将排尾的凳子向前传至排头，排头接凳放好后，全组人员依次向前移动位置，再将排尾的凳子空出，依次进行，先到达目的地的组胜出。（图 25-17）

图 25-17

11. 狂风暴雨

学生坐于课桌后面，当听到教师喊"刮风"或"暴雨"时，学生要齐拍桌面两下并说"不怕"；当听到教师喊"地震"时，学生要迅速躲到课桌下面，同时教师扮演"地震"角色，对动作缓慢、躲避不及时者进行追拍。也可以利用多媒体进行看图、听声音等多种方式辅助的游戏。

12. 吹球过界

学生两人一组，将两张课桌左右并排靠拢，以中间贴缝为界线，两人分别坐在课桌两端，猜拳决定谁为进攻方，乒乓球放在进攻方。发令后，进攻方吹球过界，防守方吹气挡球，一定时间后，球在哪方界内，则哪方失败。在课桌边缘可摆放文具盒等工具，防止乒乓球滚落。

（四）拓展运用

1. 作乒乓球桌

将两张课桌拼成乒乓球桌，用扫把杆或厚书本等长状物作球网，进行乒乓球练习，特别适宜雨雪天气在室内或走廊上练习。（图 25-18）

2. 作哑铃

将凳子当作哑铃，进行弯举、侧平举（图 25-19）、前平举、推举、负重蹲举等练习。

图 25-18   图 25-19

3. 作足球挡板

将单张课桌放倒或多张课桌放倒并在一起作足球挡板，在体育课堂教学、课余训练中，可用于各个学段的学生进行传球、停球、触球、挑球、射门等足球技术练习，也可以辅助进行撞墙式二过一等简单的战术练习。（图25-20）

4. 作板凳龙

学生每人一把凳子，站成一路纵队，形成一条龙，在龙头的带领下做高低、左右起伏等简单的舞龙动作（图25-21），也可以用绳子将凳子连接进行舞龙。

5. 作平板双杠

将两张课桌平行放置，中间留有一臂距离，学生进行支撑摆动、直角支撑（图25-22）、双臂屈伸等各种支撑动作练习。

图25-20　　　　　　　　　图25-21

6. 作消极防守人

在进行篮球或足球运球过人动作练习时，将单把凳子或两把凳子叠放在适宜位置作消极防守人，学生进行运球过人动作练习。（图25-23）

图25-22　　　　　　　　　图25-23

7. 作支架

在两把椅子（两张课桌）之间系上橡皮筋，组成一副简易跳高架，学生进行跨越式跳高、跳皮筋或下腰过杆等练习。

8. 跳山羊

用凳子（桌子）代替山羊，学生助跑几步双手支撑凳子（桌子），分腿腾越跳过凳子或分腿坐于桌子上，练习时要注意凳子（桌子）的稳定性。

9. 作游戏桌

在雨雪和雾霾天气，在室内安排学生做游戏，就可以借助教室内现成的桌椅作为道具来玩游戏，如推推乐（图25-24）、吹吹乐、滚弹珠、打台球、叠宝塔等游戏。

10. 课桌操

利用课桌，融合各种肢体动作和拍打课桌动作创编各种室内课桌操（图25-25），配上欢快动感的音乐，用于雨雪天和雾霾天的课间操；也可创编一些简易的拍桌练习或游戏，用于室内体育课的活动，既可以让学生锻炼身体，又可以调动学生练习的积极性。下面介绍两个简单实用的课桌操。

图 25-24

图 25-25

（1）敲锣打鼓。

节拍：咚咚锵，咚咚锵，咚锵，咚锵，咚咚锵。

方法："咚"即用两手击打桌面一次，"锵"即两手胸前击掌一次。学生会做后，可连续进行3遍，看看大家拍得是否整齐且响亮。

（2）击桌健身操。

预备姿势：学生正坐在椅子上（头正、肩平、身正、立腰挺胸），两脚自然平放在地上，两大腿自然平放，两小腿自然垂直于地面，两手（掌心朝下）与肩同宽放在课桌上。（图25-26）

图 25-26

第一个 8 拍（图 25-27）

1 拍：两手慢慢上举（像太极拳起式动作）；

2 拍：两手慢慢下放击打桌面一次；

3—4 拍：动作同 1—2 拍；

5 拍：上体稍左转，两手在身体左侧由下至上画弧；

6 拍：两手慢慢下放击打桌面一次；

7—8 拍：动作同 5—6 拍，方向相反。

要求：第一个 8 拍动作要做到缓慢、柔和。

图 25-27

第二个 8 拍（图 25-28）

1—2 拍：两手在胸前击掌两次；

3—4 拍：两手击打桌面两次；

5—6 拍：动作同 1—2 拍；

7—8 拍：动作同 3—4 拍。

图 25-28

第三个 8 拍（图 25-29）

1 拍：两手在左前上方击掌一次；

2 拍：两手击打桌面一次；

3 拍：两手在右前上方击掌一次；

4 拍：两手击打桌面一次；

5—6 拍：动作同 1—2 拍；

7—8 拍：动作同 3—4 拍。

图 25-29

第四个 8 拍（图 25-30）

1 拍：两手在左前上方击掌一次；

2 拍：两手在右前上方击掌一次；

3—4 拍：两手击打桌面两次；

5—6 拍：动作同 1—2 拍；

7—8 拍：动作同 3—4 拍。

图 25-30

第五个 8 拍（图 25-31）

1—2 拍：两手在胸前击掌两次；

3 拍：左手击打桌面一次；

4 拍：右手握拳击打左手背一次；

5—6 拍：动作同 1—2 拍；

7 拍：动作同 3 拍，方向相反；

8 拍：动作同 4 拍，方向相反。

图 25-31

第六个 8 拍（图 25-32）

1—2 拍：两手胸前击掌两次；

3—4 拍：两手握拳在胸前绕臂两圈；

5—7 拍：两手击打桌面 3 次；

8 拍：两臂侧上举（五指并拢，掌心相对），眼看前上方或平视前方，同时大喊一声"嘿"。

图 25-32

建议：①学生会做后，再引导加入声音，让场面更加壮观，具体做法是击掌时喊"嘿"，击打桌面时喊"哈"；②可分组比赛，或分男女生比赛，比一比，看哪组声音洪亮、动作整齐，激发学生的练习积极性；③可用于大型集会上的暖场或表演，若没有桌子，可用椅子或大腿来代替桌子。

二十六、气球在体育教学中的运用

气球作为日常生活中观赏或烘托气氛的道具，具有质轻、能飘浮、弹性足、体积可变、运动速度慢、易掌控等特点。为此，在体育教学中，将其作为一种体育器材引入课堂，既安全又有趣，也深受学生的喜爱。由于气球较轻，极易受风影响，因此多数活动建议在室内或无风的情况下进行。

（一）在球类教学中的运用

1. 软式排球

将充气气球作软式排球，用于排球初学者的辅助教学，如垫球（图26-1）、传球、发球等动作练习，可激发学生学习的积极性。

2. 气球式羽毛球

用充气气球代替羽毛球进行单人连续颠球或一对一练习（图26-2），让原来快速的羽毛球运动变成慢速运动，享受气球式羽毛球的特有魅力；也可以进行羽毛球比赛，由于气球轻、阻力大、速度慢，可酌情调整比赛规则（如一个人可连续击球两次）。

3. 气球式足球

在初学足球时，可以用充气气球作足球，进行头顶、前额、大腿、脚背等部位的颠球练习，让学生更好地感受各部位对球的控制。（图26-3）

4. 颠球运球

学生一手做原地篮球运球，另一只手不间断地向上颠一个充气气球，要求气球不落地，看谁运球时间最久。也可以做行进间运球或绕杆运球练习，以增加练习难度。（图26-4）

图 26-1　　　　　　图 26-2

图 26-3　　　　　　图 26-4

（二）在投掷类教学中的运用

1. 气球投掷

学生每人一个充气气球，尝试进行上抛、前抛、后抛等比远、比高的练习。

2. 扇气球

将充气气球挂在适当的高度，学生站于气球后下方，做双手前抛实心球的挥臂动作，在手不碰球的情况下，利用气流扇动静止状态的气球使其向前摆动，摆动幅度大的获胜。（图 26-5）

图 26-5

3. 鞭打练习

在支架上固定一个充气气球，学生手持一条布条（类似鞭子）击打气球（图 26-6），想方设法将其打破，体验鞭打动作。

4. 飞镖掷准

将若干个充气气球贴在墙上，学生保持一定距离进行飞镖掷准练习，看谁戳破气球的个数多。

图 26-6

（三）在跳跃类教学中的运用

1. 气球摸高

将若干个充气气球用绳子挂在不同高度，并标上分值（气球越高分值越大），学生自主选择高度进行摸高练习。若干次后累加分值，分值高者胜出。（图 26-7）

2. 单脚跳拍气球

学生以单脚跳的方式前进，前进途中用手拍打充气气球，保持气球不落地，若气球落地则须在原地捡起后再继续前进，先到达终点线的学生胜出。

图 26-7

3. 夹气球跳

学生将充气气球夹在两腿之间进行双脚跳比快练习，途中若气球掉落，则须捡起气球，在落点处夹好后方能继续出发，先到达终点线的学生胜出。（图 26-8）

4. 跳远的腾空练习

将充气气球悬空挂于跳远沙坑上方，学生在做跳远的腾空步时尽量用头触碰气球，从而更有效地提升腾空步的质量。（图 26-9）

5. 收腹跳

学生将充气气球夹在两脚之间，双脚跳起将气球上抛并用手接住，体会收腹动作，在规定时间内成功抛接次数多者获胜。

图 26-8

图 26-9

（四）在其他教学中的运用

1. 追风少年

将若干个直径约 30cm 的充气气球绑在一起，系在学生的腰部（气球离后腰约 1m 为宜），然后学生向前或沿跑道跑出，让气球在空中飞舞，看谁的气球飞得久、飞得高。（图 26-10）

2. 踢腿练习

武术中有侧踢、弹踢、正踢、蹬踢等腿法，为了更好地体验出腿的力度和速度，可以把充气气球悬挂在空中作为目标物进行各种踢腿练习。（图 26-11）

3. 辅助前滚翻

在前滚翻练习中，学生将气球吹至鸡蛋大小夹在下巴位置，也可将气球吹至垒球大小夹于两膝之间，以解决前滚翻时低头不充分和分腿的问题。

图 26-10

图 26-11

（五）在体育游戏中的运用

1. 气球飞舞

学生每人 3 个充气气球，游戏开始后，将手中 3 个气球往空中抛出，然后用手、头、肩、脚等身体部位将下落的气球重新拍（顶）回空中，使气球始终处于悬空状态，如有一个气球落地即为游戏结束，看谁的气球在空中停留的时间最久。（图 26-12）

图 26-12

2. 抛水球

往气球内灌水，做成直径为 10 ～ 15cm 的水球。学生两人一组，相距 2 ～ 3m 面对面站立，用水球做互抛互接练习，若水球破裂则判为失败，先完成一定数量的组获胜。（图 26-13）

建议：此游戏适合在夏季进行，也可以组织小组进行抛接运送水球的接力赛。

图 26-13

3. 肺活量大比拼

（1）吹爆气球。

在最短时间内，把规格相同的气球吹爆者胜出。

（2）吹球比多。

在规定时间内，规定吹气气球的尺寸，看谁吹的气球个数最多（吹好后直接在球嘴处打个结即可）。

（3）吹球过线。

在场地中间拉一条高为 1.0 ～ 1.5m 的线，学生一对一或二对二进行吹气球比赛，一方吹气将充气气球吹过线，另一方将气球吹回，比赛中不得用身体任何部位触球，若一方未能成功将球吹过线且球落地则失分。（图 26-14）

图 26-14

（4）动力气球。

学生每人一个大气球，每人向气球内连续吹气约20s后捏住球嘴（吹到自认为不能吹了为止），之后统一站成一列横队，将气球放置于地面，球嘴朝向自己，待教师发令后，所有人统一松开双手，看谁的气球飞得远。

4.空中运球

学生每人两个充气气球。发令后，学生将气球抛起，用手在空中拨动气球，使气球在空中保持前进，在气球不落地的情况下，先到达终点线的学生胜出。也可以进行小组接力比赛。（图26-15）

建议：①可以根据学生的能力增减气球，如运1个或3个气球；②由跑改为半蹲前行、单脚跳行、倒走等移动形式，以此来提升难度。

图26-15

5.坐球大战

学生每人一个充气气球，将气球放在凳子（垫子）上，用臀部将其坐破，可进行一人坐10球的比赛，将全部气球坐破用时最短者胜出。

6.挤爆气球

学生两人一组，面对面互抱，将一个充气气球放在胸前压爆，也可以采用背对背的形式。（图26-16）

图26-16

7.气球减压法

学生用记号笔在充气气球上写出"痛苦""焦虑""失眠""心烦意乱"等负面情绪的词语（图26-17），然后将气球踩破，伴着尖叫声和欢笑声，让所有的压力及负面情绪随着气球的爆炸而烟消云散。

建议：本游戏适宜初三、高三学生进行，能

图26-17

舒缓考前压力。

8. 气球拼图

以小组为单位，利用集体的智慧，将踩爆的气球碎片拼成笑脸（图26-18）、花朵、树木、建筑等图案，看看哪组拼的图案既有创意又好看。

图 26-18

9. 气球搬运

学生均分成若干组，每组第一名学生用两膝、两臂及两手共夹4个充气气球向前搬运，通过设置的障碍后返回起点，与第二名学生交接球，依次进行，最先完成的组为胜。（图26-19）

10. 合作运球

学生两人一组面对面站立，用胸部（或背部、前额等部位）夹住一个充气气球（图26-20），两人合力通过规定的路程，看哪组先完成。要求途中不能用手扶球，若掉球必须回到起点重新出发，也可进行小组接力比赛。

图 26-19   图 26-20

11. 气球列车

每队若干人，成一列横队站于起点线后，相邻两人之间用上臂外侧夹一个充气气球，每人双手胸前交叉互握。发令后，队员双手不触球，气球不落地，齐心协力保持队形前进，最先到达终点的队胜出。（图26-21）

12. 赶气球

学生均分成若干组，成纵队站于起点线后。发令后，排头手持一根体操棒赶着一个或两个充气气球向前行进，绕过若干个障碍物后返回，与同伴接力，依次

图 26-21

进行，先完成的组胜出。

13. 放飞气球

学生将气球吹好并用手指按压球嘴，把气球抛起放飞，然后根据气球的飞行路线快速跑去接住气球，从而锻炼专注力和反应能力。

14. 托运气球

学生一手握羽毛球拍的手柄处，将一个充气气球放在羽毛球拍拍面上。发令后，学生从起点出发，在气球不掉落的情况下，看谁最先到达终点。（图26-22）

图 26-22

15. 踩球大战

学生两人一组，在各自的一只脚上绑上两个或多个充气气球进行互踩，先把对方所有的气球踩破者胜出。也可采用集体作战的形式进行踩气球练习，气球全被踩爆者淘汰出局，规定时间内剩余气球多的组胜出。也可把气球以散点形式放在场地上让学生去踩，看谁踩破的气球个数多。（图26-23）

图 26-23

16. 玩转气球

学生每人一个充气气球，在教师的指挥下，用手、脚、头、前额、肩、肘、膝等身体各个部位颠球（图26-24），起到破冰、热身、调动气氛的效果；也可以两人一组，面对面站立，各自用手指顶住一个气球，做下蹲、起立、翻转、蹲跳转圈（图26-25）等动作。

图 26-24

图 26-25

17. 钻气球隧道

学生 10 ~ 30 人一组，面对面站成两排，每人一个充气气球，互相用食指顶住一个气球，然后高举形成一条气球隧道。发令后，排头两人顶住气球从气球隧道钻过，然后接在排尾做隧道，当排头两人进入隧道后，第二排两人也跟着进入隧道，以此类推，直到每人都通过一次隧道，队伍回到原队形为止，看哪组最先完成任务。（图 26-26）

建议：①当学生成单数时，则教师加入凑双一起玩；②完成一轮后，可以反向继续进行钻气球隧道的游戏。

18. 一指禅

学生用食指指尖顶住一个充气气球，通过平衡控制，看谁的气球在指尖停留时间最长（图 26-27）；也可以两手各顶一个气球，以增加难度；还可以顶住气球通过一段距离，看谁又稳又快。

图 26-26   图 26-27

19. 指尖舞蹈

学生每人一个充气气球。发令后，学生依次用一只手的拇指、食指、中指、无名指和小指将气球顶起，然后用另一只手以同样方法顶球，如此反复进行，让气球在指尖上跳舞，各个手指好比标准"舞步"，看谁的气球舞蹈跳得既标准又稳定。

二十七、金箍棒在体育教学中的运用

金箍棒是西游记中孙悟空的武器。受电视剧的影响，大部分学生都知道孙悟空并且对金箍棒产生了浓厚的兴趣。市场上的金箍棒玩具有许多种，常见的有塑料金箍棒和泡沫金箍棒，长度均为 0.8～1.2m，具有韧性好、不软塌、不易断等特点。将金箍棒适宜地引入体育教学，既能发挥其价值功能，又能丰富体育课程资源，促进青少年学生健康成长。

（一）在速度类教学中的运用

1. 穿越隧道

学生均分成若干组，每组分成两小组成两列横队面对面站立，面对面两人分握一根金箍棒的两端，组成隧道。游戏开始后，排尾的两名学生迅速收棒，钻过隧道，跑至排头，再次持棒连接隧道，并发出"到"的指令，示意下一组同学出发，直到所有人跑完一轮，则游戏结束。

2. 拼字（图）接力

学生均分成若干组，成纵队站于起点线后，每人手持一根金箍棒，以接力的形式将手中的金箍棒运送至指定区域，拼成规定的字或者图形，先完成的组获胜。

3. 棒棒传

学生均分成若干组，每组学生按一定间距分布在赛道上，在起点处放置若干根金箍棒。游戏开始后，第一棒同学快速拿起一根金箍棒，跑向第二棒同学并完成传递，然后返回起点继续取棒；第二棒同学接棒后迅速跑向第三棒同学完成传递，并迅速返回接棒，以此类推，直至最后一棒将所有的金箍棒都送至终点指定区域，先完成的组获胜。

4. 图形跑

将若干根金箍棒摆放成不同图形，学生进行各种跑的练习，如蛇形跑、绕圈跑、折返跑等。

5. 小小驾驶员

学生两人一组，分别握住一根金箍棒的两端，进行各种跑的合作练习，如前进跑、后退跑、侧身跑、变速跑、变向跑、折线跑等。此游戏在低年级可设置情境教学，如口令：红灯——做深蹲、提踵等静止动作；绿灯——继续行进；过山洞——下蹲行进；上坡——高抬腿跑；石子路——直腿跳（模拟过石子路的颠簸感）；等等。

6. 螃蟹行

学生两人一组，背靠背站立，将金箍棒夹于两背之间。游戏开始后，两人合作模仿螃蟹侧向移动，先过终点线的组获胜。游戏中，双手不能触碰金箍棒，否则视为犯规；若金箍棒在途中掉落，则须返回起点重新夹起金箍棒再出发。（图27-1）

7. 鸭子赛跑

学生深蹲，将金箍棒置于大腿和下腹之间。游戏开始后，快速蹲行，先过终点线者获胜。游戏中，双手不能触碰金箍棒，否则视为犯规；若金箍棒在途中掉落，须捡起夹好后方能继续前行。（图27-2）

图27-1　　　　　　　　　　　　图27-2

8. 合作搬运

学生两人一组，每组3根金箍棒，两人合作把两根金箍棒搭成担架，并把第三根金箍棒横放在担架上。游戏开始后，两人迅速把第三根金箍棒运送至终点，先完成的组获胜。在运送过程中若第三根金箍棒掉落，则须捡回放好，方可继续前进。为增加趣味性，也可运送篮球、书本等物品。

9. 击棒比远

学生一人一棒，一手持棒置于胸前，另一手用力推棒的后端，使棒向前方飞出，比一比谁的金箍棒飞得远。也可以进行击棒比准比赛，在一定距离处设置目标，学生用击棒的方式击打目标，增加游戏趣味性。

10. 小小搬运工

学生手脚仰撑在地上，将金箍棒置于腹部，快速移行，先过终点者获胜。若途中掉棒，则须捡起棒重新放好，回到掉棒处继续前行。（图 27-3）

11. 棒击球

学生两人一组，一人在前上方抛纸团，另一人用金箍棒击打，击中次数多的组获胜。为了避免安全事故，抛球者要站在击球者一侧。为增加练习兴趣，也可进行击球比远比赛。

图 27-3

（二）在跳跃类教学中的运用

图 27-4

1. 胯下骑马

学生一人两棒，将棒夹于胯下，模仿骑马的姿势，双脚向前跳跃，先到达终点线者为胜。（图 27-4）

2. 搭桥过河

学生一人一棒，站在起点线后，将金箍棒向前抛至合适的远度，并迅速跳过金箍棒，然后反复捡棒前抛、跳行（未跳过则视为"掉入河中"，需要返回起点线重新搭桥），先跳过终点线者获胜。也可两人一组进行猜拳，胜者有一次抛棒前进的机会，先跳过终点线者获胜。此游戏建议在草坪上进行，以免金箍棒滚动影响练习效果。

3. 多种形式的跳

将若干金箍棒横向或纵向摆放在场地上，学生进行单脚左右跳（图27-5）、双脚左右跳（图27-6）或双脚前后跳（图27-7）等练习。

图27-5　　　图27-6　　　图27-7

4. 穿越火线

学生均分成两组，一组学生成两列横队，两两相对站立，两人双手持两根金箍棒的两端，将金箍棒一上一下放至膝前、腰前、胸前等位置，搭建一组火线网；另一组学生依次从起点出发，采用爬、跨、钻等姿势穿越火线，若途中碰到火线，即闯关失败，在规定时间内完成闯关人数多的组获胜。

图27-8

5. 大摆钟

学生两人一组，持棒者蹲立，手持金箍棒一端水平左右摆动，练习者站在金箍棒的一侧，进行左右跳动，要求不能触碰金箍棒。持棒者要注意摆动的速度，以免练习者绊倒。本练习可视学生能力调整金箍棒的高度。（图27-8）

6. 钻跳练习

学生两人一组，持棒者手持金箍棒一端，向前伸直上下移动。当金箍棒下移至膝关节高度时，练习者跳过金箍棒；当金箍棒上移至肩部高度时，练习者钻过金箍棒。一定次数后互换角色再继续。

（三）在柔韧、平衡类教学中的运用

1. 转腕运动

学生两人一棒相对站立，两手错开握住金箍棒的中间，两臂前平举进行手腕各个方向的运动。

2. 屈体运动

学生两人一棒错位站立，两脚左右开立，两臂前平举，分别握住金箍棒一端，进行体前屈练习。

3. 体侧运动

学生一人一棒，两手上举，同时尽量横握金箍棒的两端，进行体侧运动。

4. 体转运动

学生一人一棒，两手尽量握金箍棒的两端，水平置于胸前，向左或向右90°交替进行体转运动。

5. 反弓运动

学生两人一棒背向站立，同时持棒上举，两人同时向前跨出左腿成弓步，形成反弓姿势，然后还原，再换右腿向前成弓步。

6. 摆腿运动

学生两人一组，一人持金箍棒一端，让棒固定于腰部高度，另一人面向棒，左右腿轮换摆越过棒。（图27-9）

图27-9

7. 传接棒

甲、乙两人一组，背对背相距约一臂站立。甲持棒从头上或胯下传给乙，乙双手接棒，再从胯下或头上传递给甲，依次一上一下传棒。

8. 平衡高手

学生一人一棒，将棒立于手指或手掌上，比一比谁的立棒时间长，可逐步过渡到走动或跑动立棒，发展平衡和协调能力。（图27-10）

9. 翻转游戏

学生两人两棒，面对面站立，两手各持金箍棒一端。游戏开始后，两手举过头顶，两人

图27-10

连续向一侧翻转，完成规定圈数用时最少的组胜出。

（四）在灵敏素质活动中的运用

1. 叫号扶棒

若干名学生围成一个圆，每人一个号码，一名学生站至圆心，将金箍棒立在地上，喊出号码后，立刻松开手里的金箍棒，被喊到号码的学生迅速跑至圆心扶棒，扶棒成功再迅速喊一个号码，被喊到号码的学生迅速跑来扶棒，以此类推，若被喊到号码的学生不能在棒倒下之前扶住棒，则要做俯卧撑、蹲起等简单的体能练习。

2. 不倒森林

若干名学生围成一个圆，左右相隔约1m距离，一人一棒立于地上。发令后，全体学生同时放开手中的棒，逆时针（顺时针）移动去接边上同伴的棒，棒不倒地为成功，若有棒倒地，则要迅速捡起棒重新开始，规定时间内成功次数最多者获胜。

3. 躲避金箍棒

用几个小垫子做成一个斜坡，一名学生将金箍棒从垫子的顶部有序滚下坡，另一名学生在垫子前端跳起避开滚下坡的金箍棒，一定次数后交换进行练习。

4. 花式立棒

学生将金箍棒直立在地上，在听到口令后立即松棒，在原地快速转体360°后扶住金箍棒，若金箍棒倒地则失败。练习时可变换动作，可做收腹跳、下蹲等动作。

5. 捕鱼行动

学生8～12人一组，指定一人作渔夫，手握金箍棒（作鱼叉）的一端，其余人为鱼在规定的区域内自由跑动。游戏中被鱼叉触碰到的鱼即被捕，要与渔夫牵手一起捕鱼，规定时间内鱼全部被捕则渔夫获胜，反之鱼获胜。

（五）在辅助技术教学中的运用

1.辅助栏板

将金箍棒分别绑在跨栏
架横板的两侧（图27-11），
学生在栏侧两边来回做摆动
腿（图27-12）和起跨腿辅
助练习。金箍棒相对有弹性，
可以让学生克服对栏架的恐
惧，适宜初学者练习。

图27-11　　　　　　　　图27-12

2.软式横杆

将若干根金箍棒用胶带拼接成长横杆，两名学生手持长横杆两端，搭成简易
跳高架，其他学生进行跨越式跳高练习。

3.竹竿舞

学生两人一组相对而立，各握两根金箍棒一端，蹲立进行打竿，其他学生跟
着节奏进行竹竿舞的练习。

4.武术棍（剑）

金箍棒可替代武术中的棍、剑等器械进行武术套路教学。

5.肩肘倒立辅助棒

（1）脚尖触棒。

学生两人一组，辅助者蹲在垫子的一侧，将金箍棒置于膝关节以下部位，练
习者躺在垫子上成后倒翻臀姿势，绷紧脚尖去触碰金箍棒，体会后倒翻臀的动作；
也可以在练习者成肩肘倒立姿势时，辅助者手持棒放于练习者脚尖上面，练习者
立腰、绷脚尖，尽量向上去触碰棒。

（2）展髋丈量尺。

学生两人一组，练习者在垫上进行肩肘倒立练习，辅助者持金箍棒立于地上，
并把棒贴近练习者臀部，提示练习者尽量使身体伸直与金箍棒平行，帮助练习者
体会展髋、立腰、绷脚尖动作。

6. 起跑限制棒

在蹲踞式起跑教学中，为避免学生在起跑时上体抬起过早、过高的问题，教师可以在起跑线前适宜距离处，安排 1 ~ 2 人在起跑线前上方放置 2 ~ 4 根横放的金箍棒（由低至高），学生起跑后从金箍棒下方跑过，反复练习进行强化。（图 27-13）

7. 软式标枪

学生将 1 ~ 3 根金箍棒（2 根及以上用胶带固定连接）当软式标枪进行掷远、掷准练习。（图 27-14）

图 27-13　　　　　　　　图 27-14

8. 辅助滚翻

在鱼跃前滚翻教学中，辅助者手持一根金箍棒置于练习者前方一定高度处，让练习者在两脚用力蹬地向前上方跃起时，越过前方的金箍棒，引导练习者加大蹬地的力量，体会鱼跃腾空的动作。

图 27-15

9. 步频、步幅练习

将若干根金箍棒按一定的间隔摆放，学生在快速行进中有节奏地跑过金箍棒，发展学生的步频和步幅。（图 27-15）

建议：学生可以先在摆放好的金箍棒旁边练习，待熟练后再从金箍棒上跑过。

10. 辅助山羊分腿腾越

将两根金箍棒斜放，用胶带固定在靠近踏板的山羊面两侧，形成"八"字形（注意顶部不要超出山羊的高度），增加山羊的宽度，解决学生在练习时分腿不充分的问题。（图 27-16）

11. 模拟跳箱

在横箱分腿腾越教学中，为克服学生的恐惧心理，教师可以先让学生做跳山羊的练习，在学生熟练掌握分腿腾越跳山羊动作后，在山羊近端两侧各固定两根金箍棒斜放让学生跳跃，接着逐渐抬高金箍棒，直至将金箍棒抬至水平（与山羊面同高，也相当于山羊的延展面，图27-17），最后过渡到让学生在横箱上做完整的练习。

图 27-16

图 27-17

12. 摆臂练习

学生两人一组面对面站立，辅助者两手各握一根金箍棒的一端，将两根金箍棒平放于练习者身体两侧，高度以在练习者的肘关节处为宜。开始后，练习者在两根金箍棒内做前后摆臂练习，纠正左右摆臂的问题。（图27-18）

图 27-18

13. 简单栏架

将标志筒并排分开放置，间距与金箍棒长度相当，将金箍棒放于两个标志筒上面，搭建成简易栏架，可用于跨栏练习。（图27-19）

图 27-19

二十八、中国象棋棋子在体育教学中的运用

中国象棋为传统棋类益智游戏，在中国有着悠久的历史，象棋棋子在学校体育中一般只用于棋类对弈。其实，一颗颗圆形的象棋棋子也是一件好器材，只要我们善于思考、乐于探索，就能找到棋子的其他用法，并将棋子的隐性功能开发出来，激发学生参与体育练习的积极性。

（一）在体能练习中的运用

1. 俯撑翻棋

目标：了解象棋棋子的级别大小，发展上肢力量。

准备：平地，象棋棋子。

方法：学生两人一组，面对面相距一臂距离俯撑在地上，将一副象棋棋子背面朝上成散状摆放在地面上。发令后，两人各翻开一枚棋子，根据两枚棋子的大小做相应体能练习，有两种状况：一大一小，小者做俯卧撑两次；大小相同，双方各做俯卧撑一次。以此类推，直到32枚棋子全部被翻完为止。（图28-1）

规则：由小到大为兵—炮—马—车—象—士—帅，兵最小，帅最大，但兵可以吃帅。

建议：①可直接分红方、黑方进行出棋子对抗；②俯卧撑数量可根据学生能力进行调整。

图 28-1

2. 仰撑爬行

目标：发展上下肢及腰部力量，提高协调能力。

准备：平地，象棋棋子；画两条相距10～20m的平行线作起、终点线。

图 28-2

方法：学生站成横队，仰撑在起点线后（脚在前），将一枚棋子放在腹部。发令后，学生手脚协调交替向前爬行，在确保象棋棋子不掉落的情况下，看谁先到达终点线。（图 28-2）

规则：若途中出现棋子掉落的情况，则要原地停下，放好后再继续爬行。

建议：①可头朝爬行方向进行倒爬，或左右横向移行；②可在腹部放 2～5 枚棋子，以增加难度。

3. 俯撑猜拳

目标：发展上肢力量，培养竞争意识。

准备：平地，象棋棋子。

方法：学生两人一组，面对面相距一臂距离俯撑在地上，各自将 16 枚象棋棋子摆放在地面上。发令后，两人各出一手进行猜拳，胜者从负者处拿一枚棋子放在本方，如此反复进行，在规定时间内赢棋子多者胜出。（图 28-3）

规则：游戏中需要保持俯撑姿势，两手可交替猜拳。

建议：①可到一方将棋子输完为止，也可调整双方棋子数量；②对于臂力不足的学生，可采用跪姿俯撑，反之可在脚下垫高。

图 28-3

4.移物换人

目标：发展上肢力量，培养合作意识。

准备：平地，象棋棋子。

方法：学生分成人数相等的若干组，每组指定一人为组长，左右间隔约一臂距离围成圆圈后俯撑在地，组长右手边放一枚棋子。发令后，组长迅速用右手取棋子放到自己的左手边，接着用左手将棋子拿到自己左边队员（下一人）的右手边，下一人重复组长的动作，如此循环进行，棋子沿顺时针方向移动，直到棋子回到原位或组长右手为止，看哪组用时最少。（图28-4）

图28-4

规则：①比赛中必须保持俯撑姿势；②棋子须依次经过每只手，不得跳移或漏移。

建议：①棋子可用纸球、垒球、软式实心球、小石子等代替；②可规定传递圈数，看哪组用时最少；③可取消每人从右手到左手的传递方式，改为传递物只要依次经过每人即可，也就是每人根据自己的能力自主选择单手或两手交替完成传递。

5.俯撑翻转

目标：发展上肢力量，培养竞争意识。

准备：在平地上画两条相距约40cm的平行线，取一副象棋（32枚棋子）任意摆放在平行线内，其中16枚棋子的字面朝上，剩下16枚棋子的字面朝下。

方法：甲、乙两人一组，甲的象棋棋子为字面朝上，乙的象棋棋子为字面朝下，两人面对面分别俯撑在两条线上。发令后计时，两人俯撑猜拳，每次胜者将对方的一枚棋子翻转成本方棋子（甲将字面朝下的棋子翻转为字面朝上，乙将字面朝上的棋子翻转为字面朝下），在规定时间内看哪方棋子多。（图28-5）

规则：①一次只能翻转一枚棋子，且不能将棋子翻到区域外面；②两只手可以轮换。

建议：①象棋棋子可以用军棋棋子、飞行棋棋子、扑克、瓶盖等代替；②可以增加棋子数量，加长摆放棋子的长度，即可4、6、8人……进行集体比赛。

图 28-5

6. 金鸡独立

目标：发展平衡能力和腿部力量。

准备：平地，象棋棋子。

方法：学生单脚支撑，将一枚棋子放在抬起的大腿上面，成金鸡独立之势。然后开始计时，直到所有人坚持不住而让棋子掉落或支撑脚移位为止，棋子最后掉落者获胜。（图28-6）

规则：棋子摆放在大腿上，不得借助外物或外力来保持稳定。

建议：可在抬起的大腿上平放2～5枚棋子，也可将棋子垒成柱状，以增加难度。

图 28-6

7. 宝塔迁移

目标：发展上肢和腰腹力量。

准备：在平地上画两条相距1.5～2m的平行线，在一条线边将若干枚棋子垒成一座宝塔。

方法：学生俯撑在地，两脚放在远离宝塔的一条线外，两手撑在两条平行线之间。发令后，学生两脚固定不动，两手交替前移靠近宝塔，取走一枚棋子，两

手反向行走到另一条线,将棋子垒在线边。依次反复进行,看谁最先将宝塔完整地迁移到另一条线。(图28-7)

图28-7

规则:两脚固定不动,每次只能拿一枚棋子。

建议:①可在脚的下面放木砖、红砖、纸盒、小垫子等物品,避免两脚移动;②可采用接力方式进行比赛。

8.捡贝壳

目标:发展腰腹部力量。

准备:平地,象棋棋子、塑料桶。

方法:学生屈膝坐地,两手后撑地,在其两脚前放置若干枚棋子,将塑料桶放在棋子前面(中间或一侧)。发令后,学生用两脚逐一夹起棋子放进塑料桶里,直到将所有棋子放到塑料桶内为止,看谁用时最少。(图28-8)

图28-8

规则:每次只能捡一枚棋子。

建议:可用纸球、垒球、沙包来代替棋子。

9.建筑师

目标:发展腰腹部力量。

准备:平地,象棋棋子。

方法:学生仰坐,两手后撑地,在其前面摆放若干枚棋子。发令后,学生用两脚将地上的棋子一一夹起,并垒成宝塔,直到将所有棋子均堆到一起为止,看谁用时最少。(图28-9)

规则:只能用脚,不借助任何外力。

图28-9

建议：①可用各种铁制圆柱饮料罐代替棋子；②可根据学生的年龄大小调整垒成的宝塔层数。

10. 接力垒塔

目标：发展快速奔跑能力。

准备：平地，象棋棋子；画两条相距 20 ～ 30m 的平行线作起、终点线。

方法：学生均分成若干组，各组成纵队站在起点线后，每人一枚棋子。发令后，各组第一人迅速跑向终点线，将手中棋子放在终点线上后返回，与下一人击掌接力，依次进行，将棋子垒成一座宝塔状，直到最后一人完成，看哪组最快。（图 28-10）

图 28-10

规则：垒塔时，若宝塔倒塌，学生需要重新垒好后再继续。

建议：①可以将棋子平放成一排；②可折返跑进行互换棋子。

11. 校园寻宝

目标：发展耐久跑能力和识图能力。

准备：校园平面图、点标旗、象棋棋子；在校园平面图上标注相应的点位（校园寻宝图），在点位的地面上放置棋子，并在各点位处挂一面点标旗。

方法：学生人手一张校园寻宝图，根据寻宝图上标注顺序到达相应点位，收取一枚棋子（宝藏），直到收齐所有点位的棋子，看谁用时最少。（图 28-11）

规则：在每个点位只能拿一枚棋子。

建议：①点位数量要根据学校的情况和学生的年龄大小来定；②学生可以 2 ～ 5 人一组，进行小组合作寻宝，小组成员全部到点位后方可取宝，为此，各组各派一人到其他组做全程监督员，以避免犯规现象发生。

图 28-11

12. 俯撑垒塔

目标：发展上肢和核心力量。

准备：平地，象棋棋子。

方法：将若干枚棋子成散状摆放在地上（相对集中，以学生手能够着为准），学生俯撑在地上准备。发令后，学生每次捡起一枚棋子，将棋子依次垒成一座宝塔，看谁先完成规定的任务（根据棋子数量，安排相应的塔层和塔数）。（图28-12）

图28-12

规则：①每次只能捡一枚棋子进行垒塔；②在垒塔过程中，若塔发生倒塌，则要重新逐一垒放棋子，并算入游戏时间。

建议：①根据学生的年龄大小来安排棋子数量；②对于力量较大者，可将脚放在一定高度上进行俯撑垒塔，以增加难度。

（二）拓展运用

1. 拾石子

用象棋棋子代替石子，将五枚棋子一手撒在地面（桌面）上，拿起其中一枚棋子向上抛，趁向上抛的棋子未落地前，拾起地上一枚棋子，同时接住抛出的棋子，以此类推。第一轮一枚一枚地拾，第二轮两枚两枚地拾，第三轮分别拾三枚和一枚，第四轮先用手拢一下四枚棋子，然后把四枚棋子一块拾起。若中途没有按要求拾起相应的棋子数量，或抛起的棋子落地，就算失败，换另一人进行，看谁先完成挑战。（图28-13）

图28-13

2. 推推乐

若干人一组，每组一张桌子，每人一枚棋子。猜拳决定出场顺序，第一人将棋子放于桌子边沿（棋子露出少许），然后用手推棋子，使棋子向前滑行直至停下，每人完成一次推棋子，棋子滑行最远者胜出。棋子落地则为失败，根据游戏规则进行相应的惩罚。若棋子在桌面被他人击落则须捡回放在原处。（图28-14）

图28-14

3. 五子棋

用象棋棋子的红方、黑方代替五子棋中的黑方与白方，借助象棋棋盘下五子棋，若一方16枚棋子下完还没分成胜负，可每次将棋盘上本方的棋子走动一步（有左、右、前、后空间的棋子可走），如此反复进行，一方先完成五子连线为胜。（图28-15）

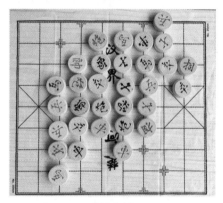

图28-15

4. 桌式小台球

在桌面4个角各画一个直径约8cm的圆弧作落子区（类似球台4个角的球袋），然后将红、黑棋子各7枚、加1枚"帅（类似台球黑八）"，共15枚棋子按1、2、3、4、5的个数排成三角形，其中"帅"放在中间。然后双方猜拳，胜者先开球，双方每人7枚棋子，用"将"作母球，用筷子或笔作球杆，谁先把自己的棋子全部打进落子区，然后再把"帅"打进落子区就算赢，具体玩法可借鉴台球规则。（图28-16）

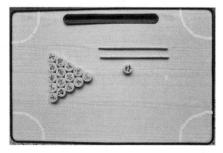

图28-16

5. 迷你冰壶

在地面或桌面上画出冰壶比赛的缩小版场地，用象棋棋子作冰壶，就可以玩迷你冰壶，感受冰壶运动的魅力。

6. 接力物

将象棋棋子作接力物进行接力比赛，也可以小组每人 1 ~ 2 枚棋子，依次接力将棋子摆到终点线，根据小组之前的商定摆成三角形、圆形、长方形等，也可以摆成宝塔（圆柱）、棱台等立体形状物。

7. 滚棋子

在起点前适宜距离处画若干条平行线，每两条平行线之间设置相应的分值。每人若干枚棋子，从起点向目标区滚出，棋子停留在相应分值区域就得该分值，最后累计总得分多者胜。

建议：由滚动改为平推棋子进行游戏。

8. 转棋子

每人一枚象棋棋子，用单手或双手将棋子竖立，然后手指用力拨动棋子，让棋子在平面上旋转，直到棋子停止，看谁的棋子转得久；也可以两人或多人一组同时转动棋子进行"搏斗"，看谁的棋子能坚持到最后。

二十九、三角旗在体育教学中的运用

三角旗是三角形旗帜的统称，主要有三角串旗、三角彩旗、三角标志旗、三角手摇旗、三角车旗等。三角旗规格多种多样，一般有17cm×30cm、25cm×32cm等。三角旗材质基本上为布质纯亚纺（薄料）和涤纶布料，具有美观醒目、自由组装、方便保存、拆装方便等特点。三角旗在学校体育中的应用，既能发挥其辅助教学的功能，又能为体育课堂教学增添生机与活力。

1. 摸高旗

将三角旗横拉或斜拉，固定在一定高度，学生用不同的跳跃方式尝试触摸悬挂的三角旗，提高学生的跳跃能力。

图 29-1

2. 代替球网

在排球、羽毛球教学中，可在两个篮球架（其他固定物）之间拉一条三角旗当作简易球网使用，提高学生的练习效率，解决器材不足的问题。（图29-1）

3. 传接球限制线

将三角旗拉成相应的限制线，可控制球的运行轨迹。例如，在进行篮球传接球时，为改进传球弧度高、不到位等不足，可上下拉两条三角旗，高度差为40～60cm，学生将球从两条三角旗中间传过去，以此来调控、制约球的飞行路线。

4. 球门分格线

在足球门上用三角旗拉成"十""卄""井"字形，并在门框上缠绕固定，将足球门均分成四格、六格、九格，学生进行射门角度、方向和准度的练习。（图29-2）

图 29-2

5. 合作跑

在进行小组合作跑练习时，可让小组成员排成纵队，同侧手握三角旗，方便组内控制跑步速度，避免掉队。

6. 场地隔离线

将三角旗分别固定在多个路障或课桌上，可在学校举行运动会等大型活动时，充当比赛或活动区域的隔离线，将比赛区及观看区隔离开来，限制人流，维持场地秩序。（图29-3）

图 29-3

7. 简易篮筐

在篮球教学中，特别是在初学投篮技术时，为了增加学生的练习密度，教师可以在两个篮筐之间横拉一条三角旗代替篮筐，让学生从三角旗上投过，也可以横拉两条平行的三角旗作篮筐。（图29-4）

图 29-4

8. 穿越火线

将若干三角旗不规则地固定在椅子、跳高架等固定物上，学生在不触碰线和旗子的前提下，安全穿过这片区域。教师可根据教学需要调节三角旗高度，让学生进行低姿匍匐、侧姿匍匐、高姿匍匐、侧身滚等练习。

9. 定向障碍物

根据定向运动设计的需要，将若干三角旗固定在标志筒或桌椅上，然后摆放在一定区域内作为障碍物，形成人工定向运动场地，进行篮球场迷宫定向（图29-5）、田径场百米定向（图29-6）等区域校园定向运动，发展学生的识图能力和奔跑能力。

图 29-5

图 29-6

10. 投掷限高线

可在一副跳高架上拉一条三角旗（高度和长度根据学生情况进行调整），解决学生在投掷项目练习中出手高度过低的问题。（图 29-7）

图 29-7

三十、纸箱、纸盒在体育教学中的运用

在日常生活中，纸箱、纸盒随处可见，不仅有电冰箱、洗衣机、电视机等外包装的大纸箱，也有装鞋、饮料、快递等的小纸盒。通过用心揣摩，将纸箱、纸盒运用于体育教学中，能更好地辅助体育教学。

（一）纸箱在辅助体育教学中的运用

大型物件的包装箱，有取材方便、易于裁剪、形式多样且不易破损的优点，可以将体育教学图解粘贴在上面作为教学展板，也可以对其进行裁剪作为教学用具。

1. 作教学展板

（1）技术动作板。

为倡导自主、合作、探究的学习模式，在体育教学中，根据学习内容的易操作性，可以先将学习的技术动作要领及图示打印出来，如站立式起跑等技术动作，然后粘贴在裁剪好的硬纸板上（便于抓握与放取），以个人或小组为单位下发给学生进行学习。

（2）教学任务单。

在课堂练习过程中，特别是在分组教学中，可以将教学任务单打印出来粘贴在裁剪好的硬纸板上，以供不同组别的学生练习使用。（图30-1）

（3）练习内容单。

在课堂技术练习时，可以针对不同层次的学生提供不同的练习方法，打印出来粘贴在硬纸板上，以供不同层次的学生练习使用。（图30-2）

（4）重点讲解板。

在体育教学中，有些重点需要直观地指出并

图 30-1

练习一：
　　上一步–双落双跳×5次
练习二：
　　上三步–双落双跳×5次
练习三：
　　（俯撑–提臀分腿–推手跳起）×5次

图 30-2

讲解，可以利用大纸箱制作重点讲解板，如用重点讲解板指出并讲解篮球投篮时的擦板位置。（图30-3）

（5）分组方式图。

在体育分组教学中，为了增添课堂趣味性，可以用有趣的名称代替常规的第一组、第二组……，并提前打印出来粘贴在裁剪好的硬纸板上（图30-4），如果有需要也可以将大纸箱裁剪成举牌。

2. 作教学用具

（1）篮球战术板。

将纸箱裁剪为 8K 大小的硬纸板，在上面画出篮球场地简易图，再用两种颜色的小纸盒裁剪出直径约 3cm 的圆块作战术棋子。这样就制成了简易的篮球战术板。也可以用同样的方法制作足球战术板、排球战术板等。

（2）器材收纳箱。

在器材室放置大纸箱，可以用来收纳篮球、排球、足球等体育器材。（图30-5）

（3）障碍柱。

将纸箱裁剪成长方形，等距离分成 3 份对折围绕成一个三菱形的障碍柱，用胶带固定，再将上下密封（图30-6），若室外风大，可在里面放一些重物压住，以免被风吹倒；也可以将纸箱剪成扇形，半径约 1.2m，圆周长约 0.8m（尺寸可以自定），

图 30-3

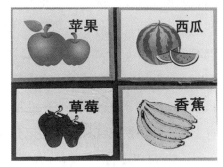

图 30-4

图 30-5

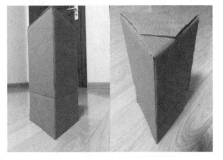

图 30-6

卷成圆锥形状，用胶带固定。

建议：根据需要对障碍柱进行美化，可用红白纸间隔，制成交通标志筒；也可以根据学生年龄特点涂上学生喜欢的颜色或画上卡通人物，用于障碍跑等教学。

（4）裁判用具。

在篮球、足球比赛中，可以利用纸箱裁剪出相应大小的裁判用具，如足球的红、黄牌，篮球的换人、暂停（图30-7）和犯规次数牌。此外，还可以利用铁丝、PVC管等制作记分牌，将纸箱裁剪出长为0.4m、宽为0.3m的长方形，在上面粘贴0、1、2……8、9等10个数字，在固定位置打上两个洞用铁丝穿好，系在记分牌上。

图30-7

（5）障碍墙。

将纸箱裁剪成长为1.6m、宽为0.7m的长方形，再折叠成倒V字帐篷状，用胶带固定好，做成障碍墙，风大时可以在底部放重物压住，适用于障碍跑中的跨越辅助教学，不仅高度可调，而且安全、效果好。

（6）标志盘。

将纸箱裁剪成直径为20 ~ 25cm的圆盘，可在上面涂上不同颜色的颜料，或在外面包上颜色鲜艳的蜡光纸，也可以在上面标注上不同数字，在教学过程中充当标志盘。（图30-8）

图30-8

（7）武术道具。

将纸箱剪成刀形或剑形，用胶水两层或三层重叠粘合，再用胶带固定，可用于刀术和剑术的武术教学，使用轻便、安全。

（8）大奖牌。

在课堂组织比赛中，为了让活动更有仪式感，可以将纸板做成大奖牌，在比赛

结束后应用于授奖环节。将纸板剪成圆形，并在外面用金色、银色、红色的蜡光纸包裹，代表金、银、铜等奖项。（图30-9）

图30-9

（9）人体运动教具。

蹲踞式跳远动作演示

图30-10

在体育教学中，有很多技术动作在演示时无法分解动作并讲解，可以将纸板剪成人体各部位的模具，在关节处用针状物固定、连接，保证各部位可以活动，在技术教学时就可以用人形模具来代替真人进行分解动作演示，加深学生对动作的理解。（图30-10）

（二）纸箱在体育游戏中的运用

1. 车轮滚滚

将纸箱裁剪成宽约40cm的长方形纸板，根据游戏人数将裁剪好的纸板用胶带粘连形成一个环形履带，学生站在环形履带内，脚踩下履带，双手持上履带外侧准备，通过手脚并用的方式完成规定距离。也可组织比赛，在规定距离内，用时短者获胜。

2. 纸箱人

在一个较大的纸箱顶部中间开一个直径约30cm的孔方便头部钻出，在两侧较高位置各开一个直径约20cm的孔方便伸手。游戏时，学生如同穿衣一样将纸箱穿上，进行游戏或者短距离跑步比赛。纸箱长度和开孔大小应根据学生实际情况而定。

3. 同舟共济

将多个纸箱裁剪成宽约30cm的长方形纸板，根据游戏人数用胶带粘连成龙舟（没有船底）的样子，可以在其四周进行装饰。学生均分成若干组，站在龙舟里，进行竞速比赛，在规定距离内，用时短的组获胜。

4. 纸板操

将纸箱裁剪成适当的形状，学生分小组设计热身纸板操，并进行展示。

（图 30-11）

5. 青蛙跳荷叶

将纸箱裁剪成直径为 30cm 的圆，可以进行美化充当荷叶，并按照需求放置在场地上，学生用蛙跳的方式跳过每一个荷叶，最先跳过所有荷叶者获胜。

图 30-11

6. 纸板飞盘

将纸箱裁剪成直径为 20cm 的圆形当作飞盘，在课堂上组织掷远或掷准的游戏，在同一起点以远度和准度进行评比。在学生掌握基本技术后，可以两人一组进行一掷一接的合作游戏。

7. 蚂蚁搬家

在起点和终点各放两个大纸箱，在起点的纸箱里放若干个排球。学生分成 4 ~ 6 组，每组学生轮流出发，将起点箱子里的排球拿出，跑到终点放进终点的箱子后跑回起点接力，直到最后一人返回起点为止，最短时间完成搬运的组获胜。（图 30-12）

图 30-12

（三）纸盒在障碍跑教学中的运用

将纸盒按照一定的线路平放、竖放，搭成标志杆、建成门洞、摆成围墙等，进行障碍跑。

1. 跨过障碍

将纸盒等间距放在一条直线上充当障碍物，学生在快速奔跑过程中安全、快速地跨过障碍到达终点，用时短者获胜。（图 30-13）

图 30-13

2. 钻过障碍

用 4 ~ 5 个纸盒摆成城墙，再将竹竿放在纸盒上做成城门。学生站在离城门 20m 左右的地方，跑到障碍物前 1 ~ 2m 处时，根据城门的高度，可采用屈膝团身、屈膝侧身或匍匐前进的方法迅速钻过城门，也可以根据需要多放置几个城门，然后继续跑，直至终点，用时短者获胜。（图 30-14）

3. 绕过障碍

将纸盒按照一定线路重叠竖放，搭成 4 ~ 5 个标志杆，学生在跑动中安全地绕过障碍进行折返跑。（图 30-15）

图 30-14   图 30-15

（四）纸盒在体能练习中的运用

1. 顶盒走

在纸盒底部中间挖一个直径约 8cm 的洞（图 30-16）。学生均分成若干组，成纵队站在起点线后，排头将纸盒放在头上（洞口扣在头顶上方），放稳后松开双手。听到信号后，在保证纸盒不掉落的情况下，向前跑绕过标志物跑回，把纸盒传给下一人进行接力，依次进行，

图 30-16

先完成的组获胜。（图 30-17）

建议：纸盒可以不挖洞，先在头顶上放一个直径为 8cm 左右的胶圈，然后将纸盒放在胶圈上面即可。

图 30-17

2. 推小车

甲、乙两人一组，成推小车姿势（甲俯卧支撑双脚离地当车，双脚由乙提起），乙将纸盒放在小车上向前推，途中纸盒不掉落且先到达终点的组获胜。（图 30-18）

3. 蚂蚁运粮

学生手脚仰撑在地上，将一个纸盒放在腹部，然后手脚交替向前、后、左、右爬行，在纸盒不掉落的情况下，看谁爬得稳、爬得快。（图 30-19）

图 30-18

4. 运宝塔比快

将多个纸盒重叠堆成塔状，学生用单手托塔，保持塔体完整，快速向前移动，以先到达终点者为胜。（图 30-20）

5. 大象顶盒

将稍大一些的纸盒放在地面上，学生趴下来，除手脚着地外身体其他部位不能接触地面，在爬行前进的同时用头将纸盒顶到终点，用时短者获胜。（图 30-21）

图 30-19

图 30-20

图 30-21

6. 踩石过河

学生均分成若干组，每组分成两小组站在起点和终点做迎面接力。每组发 3 个纸盒（没有纸盒盖），各组第一人站在起点后，脚踩在第 1、第 2 个纸盒里，手拿第 3 个纸盒。发令后，各组第一人踩着纸盒交替向前行进，到达终点后，将纸盒交给下一人，由下一人以同样方法进行。以此类推，最后按用时多少排名。（图 30-22）

图 30-22

7. 夹盒抛远

学生用两脚夹住一个纸盒，用力跳起，将纸盒向前抛出，距离远者获胜；也可以双脚夹住纸盒，然后向上跳起抬腿将纸盒上抛，再用手接住为一次，看谁先完成规定的次数。（图 30-23）

8. 兔子跳

学生用两腿夹住一个纸盒，模仿小兔跳至对面标志物折返，可进行小组接力比赛，先完成任务的组获胜。（图 30-24）

9. 螃蟹行走

学生两人一组，背靠背，中间夹住一个纸盒，发令后，从起点开始通过模仿螃蟹侧向行走的方法向终点移动，可进行小组接力比赛，途中纸盒不掉落且先到终点的组获胜。（图 30-25）

图 30-23   图 30-24   图 30-25

10. 推火车

每人 4 ~ 8 个纸盒，首尾连接形成一列小火车。比赛开始后，学生两手推动纸盒一起往前，在小火车不脱节、不变形的情况下，看谁先将火车推到指定位置。要求：途中纸盒若出现脱节或变形，可以停下调整好再继续。也可以组织小组接力比赛。（图 30-26）

图 30-26

11. 俯撑行走

学生两手俯撑在纸盒一侧。发令后，学生左右手依次移到纸盒另一侧，然后再移回原位，如此前后交替反复进行，看谁先完成规定的次数或在规定时间内看谁移动次数多。（图 30-27）

建议：可以将纸盒侧立或竖立，学生两手从纸盒上方来回移动，增加高度，以提升练习难度。（图 30-28）

图 30-27   图 30-28

12. 俯撑跳跃

学生站在纸盒一侧，两手撑于纸盒正前方适宜处，抬高臀部。发令后，两手固定不动，两脚同时在纸盒两侧来回跳动，脚不触及纸盒，看谁先完成规定的次数或在规定时间内看谁做的次数多。（图 30-29）

建议：可通过调整叠放纸盒的高度来增减练习难度，纸盒高度越高则难度越大。

图 30-29

（五）纸盒在体育游戏中的运用

1. 叠宝塔

将纸盒平放、竖放摆成一个宝塔，可进行小组比赛，每组相同数量的纸盒，在规定时间内，叠得高的组获胜。（图 30-30）

2. 花样拼图

用纸盒拼成各种图形或数字，亦可进行接力拼图比赛，看哪组跑得快、拼得好。

图 30-30

3. 春种秋收

学生均分成若干组，将纸盒作为土地放置在距离起点 20m 处，把沙包或小毽子等轻物作为种子。发令后，每组学生轮流出发，上一人将种子播种在土地里，下一人将种子收回，以此类推，看哪组最先完成。（图 30-31）

4. 打保龄球

将纸盒竖立在地面上作为球瓶，用篮球或实心球进行打保龄球练习和比赛。

5. 炸碉堡

将 4～6 小纸盒叠放，搭成小碉堡，学生在一定距离外，用纸球或沙包击打纸盒，看谁击中的纸盒多。

6. 托瓶比稳

将纸盒盖作为托盘，盖子上放一个或多个灌水的矿泉水瓶，学生单手或双手持托盘进行快速走接力比赛。（图 30-32）

图 30-31

图 30-32

7. 传盒比快

学生均分成若干组，成纵队站立，各组排头将纸盒从头上（或胯下）向后传递，依次传递到排尾。排尾在拿到纸盒后，持纸盒跑到排头用同样方法传递，以此类推。每人充当排头一次，直到原排头持纸盒跑回排头位置并举起纸盒为止，用时最少的组获胜。

8. 抛接游戏

学生手持纸盒，进行自抛自接、一抛一接或多人互抛互接游戏。（图 30-33）

9. 轻物入盒

将纸盒（去掉纸盒盖）作为筐，学生用沙包、纸球等轻物作为投掷物，进行各种投准游戏和比赛。

图 30-33

三十一、砖块在体育教学中的运用

砖块是常用的建筑材料，在生活中随处可见。砖块主要有红砖、烧结砖、铺路砖、草坪砖等，还有一些较为环保的砖块，比如空心砖、轻质砖等。一般砖块呈长方体状，坚硬，承重能力强，有一定的重量，稳定性较好。在做好安全措施的情况下，将砖块有针对性地运用到体育教学中，会收到意想不到的效果，让体育课堂更具活力。

（一）在体能练习中的运用

1. 走梅花桩

根据学生的个体差异性，将砖块前后或左右拼接，或间隔一定距离错位摆放在地上，按不同需要放置不同距离和不同面的砖块若干，进行平衡练习，锻炼学生的平衡能力。（图31-1）

2. 站桩

根据学生的能力，将砖块叠放若干层，形成两个桩，学生即可站在桩上进行扎马步练习，感受中华传统武术的精气神，同时锻炼下肢力量。（图31-2）

图 31-1　　　　图 31-2

3. 举哑铃

学生单手或双手持砖块（作哑铃）进行弯举、推举、上举等上肢的练习。（图31-3）

图 31-3

4. 卷吊机

将一根牢固的长绳一端绑在砖块中间（空心砖直接将绳子穿孔系紧），长绳的另一端系在接力棒中间位置。学生双手握棒滚动进行卷绳，将砖块逐渐卷吊起来。可以站在高处，让砖块悬空，也可以将砖块放在地上进行拖动卷起。

5. 作乒乓球拍

学生手持砖块，将其作为乒乓球拍，单手或双手交替进行自垫球、对墙垫球练习，在练习球性的同时锻炼臂力，增强上肢力量。（图31-4）

6. 立定跳远

为解决腾空高度问题，将砖块摆放在学生前面（砖块的高度要低于学生实际跳跃的高度，以确保安全），促使学生主动向上跳起，从而提高学生的跳跃能力。（图31-5）

图31-4　　　　图31-5

7. 跑跳结合

将砖块相隔一定距离摆放，根据学生步频的大小调节距离，学生进行跑跳结合练习。（图31-6）

8. 摆臂练习

学生两手各拿一块砖进行前后摆臂练习，有助于改善和巩固摆臂动作，增强上肢力量。（图31-7）

图31-6　　　　图31-7

9. 砖块俯卧撑

学生将两脚放在垒成适宜高度的砖块上面，两手撑地做低姿俯卧撑（图31-8）；力量较小者可以两手撑在砖块上做高姿俯卧撑（图31-9）。

图31-8　　　　　　　　　　图31-9

10. 核心力量练习

学生手持砖块进行负重仰卧起坐练习（图31-10）、坐姿双脚夹砖搬运练习（图31-11）、四肢仰撑时将砖块放在腹部位置的练习（图31-12），以增强核心力量。

建议：根据学生个体差异，适当选择砖块数量。

图31-10　　　　　　　　图31-11　　　　　　　　图31-12

（二）在体育游戏中的运用

1. 摆造型

在体育课堂中，可以分小组利用砖块摆各种造型，如垒长城（图31-13）、宝塔（图31-14）、楼梯等，充分发挥学生的创造性和主观能动性。

2. 情境挑战赛

利用砖块，创设"独木桥""小水沟""小山丘"等场景，学生根据各个场景进行趣味活动，如进行"抗洪抢险"游戏，学生分成4组依次排在方形场地的4个角，分别从中心线传递砖块进行"堵管""筑堤""人墙防浪"的组合游戏。（图31-15）

图31-13　　　　　　　　图31-14　　　　　　　　图31-15

3. 搭桥过河

每人两块红砖或木砖，在过河时两脚分别踩在两块砖块上面。发令后，学生后脚前移踩在前脚踩的砖块上，之后转身拿起后面的砖块铺在前面，依次向前移动。全程两脚只能在砖块上，不可落地，若落地则须回到起点重新开始，最先到达对岸者获胜。（图 31-16）

图 31-16

4. 运球过河

若干砖块按一定距离在地面上摆放成一排（距离根据学生的年龄及能力来调整），每人一个篮球；学生均分成若干组，每组再分成两个小组，分别站在起、终点后。发令后，每组学生轮流出发，边运球边踩着砖块行走到对岸，若途中脚落地则该学生回到起点重新开始，直到最后一名学生完成任务，最快完成的组获胜。此游戏可以让学生的目光离开球，提高学生的运球能力。

5. 卧倒起立

学生均分成若干队，每队分成两个小组，面对面站在相距 15～30m 的起点后，中间放置若干块立起的砖块。每队第一名队员徒手（图 31-17）或运球（图 31-18）出发依次将本队砖块轻轻地放倒，与对面的下一名队员击掌，下一名队员再出发，依次将砖块稳稳地立起，如此反复将砖块放倒、立起，看哪队最先完成。若在途中哪队的砖块在放倒时断裂了，则直接判输。

图 31-17

图 31-18

6. 门式保龄球

将 3 块砖块在地上垒成高为 25cm、宽为 20cm 的门洞，学生根据能力自主选择与洞口的距离，用手将乒乓球、网球、垒球、纸球等较轻的球采用地滚球的方式滚进门洞（图 31-19），进球最多者获胜。

图 31-19

（三）拓展运用

1. 作标志点

砖块作为标志点具有显眼、醒目、稳固等特点，故可将砖块平放于助跑道的外侧，作为三级跳远、跳远、跳高、支撑跳跃练习的起步点、起跳点等标志点。

2. 作标志杆

将砖块立放作标志杆，进行足球绕杆运球（图 31-20）、篮球绕杆运球（图 31-21）或变向过障碍物，根据练习的需要可以随时调整摆放间距的大小。砖块还可作为学生奔跑和跳跃结合练习的障碍物。

3. 作球门

在足球教学中，可以将砖块摆放成足球门，进行射门练习或比赛，可根据需要随时调整球门的大小；还可以摆成 3 个门，进行打门球练习。（图 31-22）

图 31-20　　　　　　　　图 31-21　　　　　　　　图 31-22

4. 作乒乓球网

在水泥地或地砖地面上横向并列摆放若干块红砖作乒乓球网，即可进行两人或多人蹲着打乒乓球的练习，适用于室外没有乒乓球桌时的练习；若乒乓球桌上的球网损坏，可以将砖块横放并列在中线处，临时代替球网。（图 31-23）

图 31-23

5. 作踏板（台阶）

将单块或若干块砖垒成一定高度作踏板，学生随着动感音乐进行踏板操练习（图 31-24）；还可以垒成台阶，学生进行跳台阶、提踵（图 31-25）等练习，以锻炼下肢力量。

图 31-24 图 31-25

6. 作道牙或分道线

在一些临时土质运动场建设跑道时，可以将砖块作道牙进行铺设，也可以作为跑道的分道线。

7. 作独木桥

将砖块平放或侧立连接成一座独木桥，学生依次从上面走过，看谁走得稳、走得快。（图 31-26）

图 31-26

8. 作基座

可根据体育教学需要，在一些体育器材下面用砖块进行垫高，如在垫子一端下面摆放砖块，让垫子形成斜坡状进行前（后）滚翻的辅助练习。

三十二、自行车在体育教学中的运用

自行车是由人力脚踏驱动的两个车轮的陆地交通工具,俗称脚踏车或单车。自行车骑行作为一项绿色低碳的户外运动,深受人们喜爱。将自行车融入体育教学,不仅能体现"学校体育与日常生活相结合,倡导生活体育和实用体育"课程改革的理念,丰富体育教学资源,还能使体育教学内容生活化,让体育回归生活。

(一)学骑自行车

根据学骑自行车的过程,我们将其分为新手报到、新手体验、新手学骑和新手上路4个阶段。

1. 新手报到——了解自行车的基本知识

(1)自行车的前世今生。

世界上第一辆自行车问世至今已有200多年的历史了。1790年,法国人西夫拉克发明了最早的自行车——木马轮(图32-1)。1817年,德国人德莱斯在法国巴黎发明了带车把的木制两轮自行车。1839年,英国人麦克米伦发明了蹬踏式脚蹬驱动自行车。1869年诞生的雷诺型自行车,车架改由钢管制作,车轮也改为钢圈和辐条,采用实心轮胎,使自行车更加轻便。1887年,英国人劳森完成了链条驱动自行车的设计。同年,英国人邓鲁普研制出了充气轮胎。从此,自行车技术也完成了向商业化的转化,自行车开始批量生产并投入市场。

32-1

当前,越来越多的学校将自行车运动设为普及课程,学生若能在校园内掌握自行车的骑行技能,感受自行车带来的乐趣,必定会大大推动这项运动的普及。

（2）自行车的构造。（图 32-2）

32-2

自行车由车架、刹车、轮胎、脚踏、链条等多个基本部件组成。按照系统功能的不同,我们可以将自行车部件分为车体部分、传动部分、行动部分、制动部分。

①车体部分:包括车架、前叉、车把、鞍座等,它们构成自行车的主体。

②传动部分:包括脚踏、曲柄、齿盘、链条、中轴和飞轮等。人力踩动脚踏会带动以上传动部件,使车轮滚动,驱车前行。

③行动部分:即前后车轮,包括花鼓、辐条、轮圈、轮胎等。

④制动部分:包括刹车把手、刹车碟盘等。

2. 新手体验——掌握骑自行车的平衡

平衡,是学骑自行车的一个难题,也是掌握骑行的首要条件。在学骑自行车时,如果能掌握平衡,也就学会一半了,所以掌握骑自行车的平衡至关重要。

（1）掌握基本技能。

①体验刹车（图 32-3）。明确前后刹车的用途和注意事项,有突发情况时才会使用刹车,在一些山地路段会用到前刹进行小幅度转弯或者跳跃,平时一般都以后刹为主。

②调整鞍座（图 32-4）。按照自身身高来调

32-3

32-4

整鞍座高度。对于初学者来说，调整合适的鞍座高度可以降低安全风险，稳定学习心态。

③左右转动车把并推车前行（图32-5）。学生站在自行车一侧，双手握住车把，尝试向前沿直线、曲线推行。

32-5

（2）蹬地滑行。（图32-6）

戴好头盔

眼看前方

戴好护肘

调低鞍座，双脚可以完全贴到地面

戴好护膝

双脚依次蹬地向前滑行或双脚同时蹬地向前滑

系好鞋带

若影响蹬行，可去除脚踏板

32-6

（3）滑行平衡。

①动作要领。

【蹬地滑行平衡】学生坐在鞍座上，两脚着地，双手扶把，两脚交替用力蹬地滑行，速度要快，稳定后，两脚收起离地，利用惯性向前滑行5～10s。不断练习，增加滑行长度，减小直道宽度。（图32-7）

【踏板滑行平衡】学生坐在鞍座上，双手扶把，一只脚放在高位的踏板上，一只脚放在地上。

32-7

然后，踏板脚向下踩动踏板，另一只脚蹬地向前滑行，随后蹬地脚收起离地，让车子向前滑行一段距离。（图32-8）

②常见问题与纠正方法。

问题1：眼看地面。纠正方法：眼看前方，也就是要去的地方。

问题2：身体前倾或弯曲。纠正方法：身体坐直。

问题3：不会刹车。纠正方法：滑行前先学会刹车，以手刹为主，也可以尝试用脚刹。

③教学活动组织。

【保护滑行平衡】学生在同伴或教师的保护与帮助下，放心地向前做滑行平衡。建议：保护者时刻关注练习者，全程做好保护措施，避免练习者失去平衡而摔倒。（图32-9）

【直道滑行平衡】将若干标志物放置成宽1~3m的直道，学生快速蹬地后做直线滑行，时间越久越好。建议：熟练后，增加滑行距离，减少直道宽度。（图32-10）

【弯道滑行平衡】将若干标志物放置成宽1~3m的S形车道，学生快速蹬地后慢慢尝试左右转弯练习，时间越久越好。建议：弯道幅度由小到大，循序渐进。（图32-11）

【缓坡滑行平衡】学生借助小缓坡路面进行惯性滑行。建议：做好安全保护与帮助；学会操作刹车，从而减速或停车。（图32-12）

32-8

32-9

32-10

32-11

32-12

3. 新手学骑——学习基本的骑行技术

（1）踏板骑行。

①动作要领。

学生坐在鞍座上，双手扶把，一只脚放在高位的踏板上，一只脚放在地上。骑行开始，踏板脚向下踩动踏板，着地脚顺势抬起放于同侧踏板上，随后两脚交替踩整圈向前骑行。（图 32-13）

32-13

②常见问题与纠正方法。

问题 1：双手用力、紧张。纠正方法：双手不用力、放松。

问题 2：速度过慢，不好控制平衡。纠正方法：两脚踩踏板的速度加快，提高骑车的速度，保持人车平衡。

问题 3：两脚无法交替踩整圈。纠正方法：先两脚交互踩半圈，待熟练后再踩整圈。

③教学活动组织。

【保护骑行】在同伴或教师的保护与帮助下，学生向前骑行。建议：待学生熟练后，可以半保护骑行，直至无保护骑行。（图 32-14）

【各种图形骑行】用标志物摆放出 S 形、圆形、三角形等多种图形，学生沿图形线路进行骑车练习。建议：图形场地设计由易到难、循序渐进；可进行绕障碍比赛。（图 32-15）

32-14

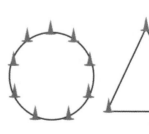

32-15

【道路场景模拟骑行】在场地上设置障碍、不同宽窄道路、红绿灯、人行横道等各种体验场景，学生在特定情境中骑行，了解和掌握交通安全知识，提高道路安全意识。建议：贴合真实出行场景，融入学生生活。

（2）考"驾照"。

①考试方法。

骑行测试包括上下车、直角转弯、穿越窄路、穿越颠簸路面、S线行驶、穿越人行道推行（图32-16）、紧急停车等模拟真实场景（图

32-16   32-17

32-17），通过考试的学生将获得学校颁发的自行车"驾照"（图32-18）。

自行车驾驶证参考样例

_____学校自行车驾驶证

姓名_____ 性别_____ 班级_____

出生日期_____

初次领证日期_____

准驾车型_____

有效期限_____

32-18

②指导要点。

• 设置场景要贴合真实。

• 学习交通标志、交通法规等理论后进行。

4.新手上路——体验骑行

俗话说：学以致用方能行以致远。如何打造完美的骑行体验？下面是一些实

用的建议：一是检查车辆状况和戴好骑行装备。骑行前，先检查一下自行车车把转动是否灵活，车胎有没有漏气，刹车是否完好，再检查链条、变速、脚踏、鞍座等的状况，谨防"带病"上路；骑行时要戴好头盔、护目镜、手套等骑行装备，特别是要戴好头盔，守护生命防线最重要。二是规划合理的路线。选择平坦、空旷和少车的路线，避开车流、人流高峰的道路和陡峭的坡道。三是结伴同行。为了顺利完成骑行体验，最好在家长或有经验的亲朋好友的陪伴下进行骑行，他们可以在练习者遇到困难时给予帮助，同时也能让练习者在骑行过程中更加自信和从容。

（二）自行车在竞技（趣味）比赛中的运用

1.骑行迎面接力赛

画两条相距 50 ~ 80m 的平行线作起始线、终点线，在两条线之间放置若干个标志筒作障碍物，在起始线、终点线设立约 3m 的自行车交接区；学生均分成若干组，每组再分成两个小组，分别站在起始线、终点线后。发令后，每组学生轮流出发，骑车绕过障碍到达交接区换下一人，以此类推，直到最后一人完成返回起点，耗时最短的组获胜。

建议：在自行车到达交接区时，等自行车停止运动后，方可换人骑行。

2.慢骑比赛

在跑道上标记 30 ~ 50m 的长度，学生一人一车，指令下达后学生缓慢骑行，中途车的任何部位都不能触边线，脚不能触地，完成规定骑行距离，用时最长者胜出。可进行小组比赛，先单人骑行，最后以全组总用时为比赛成绩。（图 32-19）

图 32-19

3. 骑车投篮

学生一人一车，一手扶车把，另一手持一个篮球在出发线后准备。发令后，学生骑行至靠近篮筐处进行单手投篮，投篮后骑回出发线准备下一次投篮，每人完成规定的投篮次数，看谁投中次数多且用时少。要求在投篮过程中脚不得落地，否则投中无效。

建议：①根据学生的年龄及力量情况，酌情调整篮筐的高度；②可以两人一组，一人骑车，另一人坐在自行车后座上进行投篮。

4. 骑车过独木桥

将大小相同的砖头或者小木板头尾相接，形成一座有一定长度的独木桥，学生骑车在独木桥上通过，要求车轮和脚不落地。（图32-20）

5. 滑行竞速

学生双手握住车把，一只脚踩着踏板，另一只脚连续蹬地向前滑行，看谁先完成规定的距离。为了在练习中不发生擦碰，建议左右间隔2m进行练习。

6. 合作骑行竞速

学生两人一组，一人坐车椅，双手把控方向，双脚抵在车架位置作司机；另一人坐自行车后座，脚踏踏板作发动机。根据学生的年龄及学校的场地大小安排各个距离的比赛。第一次骑行结束后，两人交换位置再来一次，以两人骑行到终点总时间来评判名次。（图32-21）

图 32-20   图 32-21

7. 停车平衡

学生放松骑行 3 ~ 5m，滑行至指定区域后慢慢轻握前后刹车，直至刹车被完全握紧，保持人车平衡，脚不落地，看谁坚持的时间长。

（三）自行车在体能练习中的运用

1. 自行车哑铃

用自行车代替哑铃进行身体力量练习。

（1）哑铃弯举。

站立状态，双手反握车架提起自行车，做弯举动作。（图 32-22）

（2）哑铃前平举。

站立状态，双手正握车架提起自行车，做前平举动作。（图 32-23）

（3）哑铃提肩。

站立状态，直臂握住车架进行肩部上提。（图 32-24）

图 32-22　　　　　　　图 32-23　　　　　　　图 32-24

（4）节奏蹲起。

练习者在直臂握紧刹车的前提下，手握车把，直腿站立在踏板上，保护帮助的同学站在车头位置固定车把稳定车身。保护帮助的同学可以下达有节奏的指令

让练习者进行半蹲练习，也可进行有固定速度的固定组量练习。（图32-25）

2. 阻力跑

取一根约15m长的粗绳，一端绑在练习者腰间，另一端系在车把中间位置，练习者快速向前奔跑拉动自行车，另一名辅助者骑于自行车上保持车的平衡，通过控制刹车保持适宜的车速。若练习者能力较强，可在后座再坐一人，后座上的人可通过两脚底拖地制造更大的

图 32-25

阻力，以增加练习者的挑战难度，更好地发展其奔跑能力。

3. 阻力推车跑

甲、乙两人一组，甲骑车且轻带刹车控制车速，乙在自行车后面双手推车后座。开始后，乙推着车子前行，由走到慢跑，再逐渐过渡到中速跑，体会重心前移，屈伸髋的发力感受。

4. 功率自行车

练习者在自行车脱链的情况下保持骑行状态。两名保护帮助的同学一人用双手握住车把固定车身，另一人用双手握住自行车后座固定车身，练习者原地踏板骑行，配合双手的跑步摆臂动作，发展学生中长跑的乳酸耐受能力。

（四）拓展运用

1. 自行车定向

将自行车融入定向比赛中，用骑行代替跑，能将骑行和定向运动完美地结合。学生在参与这项运动的同时既能享受骑行的乐趣，又能感受定向运动的魅力，能激发参与比赛的欲望。（图32-26）

图 32-26

2. 自行车越野

若学校条件许可，可组织学生在规范的户外场地进行小规模的自行车越野练习或比赛，特别适宜中学生。

3. 自行车远足

徒步远足正在众多学校蓬勃开展。在保证安全的前提下，自行车远足也是不错的选择。自行车远足因节能、环保、时尚而深受学生的喜爱。

三十三、废旧轮胎在体育教学中的运用

废旧轮胎是指报废的、不可再使用的车辆轮胎，一般由橡胶材质制成，具有规格多样、耐磨性强等特点。随着汽车普及率提高，废旧轮胎的数量不断增加，将废旧轮胎运用到体育教学中，不仅能做到废旧物品再利用，开发轮胎的新功能，还能丰富体育课堂，提高学生参与锻炼的积极性。

（一）自身功能的开发

1. 作置物容器

利用轮胎中空的特点，可以放置铅球、实心球、垒球等投掷类器材，也可以放置足球、排球等球类器材，以防止器材随意滚动，避免安全事故的发生。

2. 自制杠铃

将两个轮胎固定在一根长约1.5m 的竹竿或钢管的两端，制作成一个简易杠铃，可进行蹲起（图33-1）、上举（图33-2）等力量练习。

图 33-1   图 33-2

3. 攀岩场地

将若干个大小不同、颜色各异的轮胎固定在 2m 以下的墙上，在墙的顶部安装若干条安全带建成一个色彩亮丽的轮胎攀岩场地。

4. 轮胎篮筐

将几个大小不同、颜色各异的轮胎按不同高度固定在砖墙上，或悬挂在一定高度上，做成一面投篮墙或垂直篮筐。要求轮胎的中空直径在 45cm 以上。

5. 作足球门

将若干个型号不同的轮胎并列放置当作足球门，不同型号的轮胎代表不同的分值，可进行踢定位球计总分的游戏。

6. 作哑铃

把轮胎当作哑铃，进行坐姿（站立、平躺）推举、弯举、上举、前平举（图33-3）、颈后双臂屈伸哑铃等动作练习。

7. 作压腿台

把单个轮胎竖立固定或多个轮胎叠放当作压腿台，进行各种柔韧素质练习。

图33-3

8. 跳山羊

把轮胎当作山羊，可先进行纵向山羊分腿腾越（图33-4），再进行横向山羊分腿腾越（图33-5），使教学更有层次性。

建议：将轮胎固定于校园边角地带（图33-6）或放置在固定架上，既不用来回搬运器材，又便于学生练习。

图33-4 图33-5 图33-6

9. 作踏板

将轮胎平放在地面上作踏板，学生2～4人一组围着轮胎做各种踏板操练习。也可以在轮胎上加封木盖，与轮胎扣紧，即可成为一个稍带弹性的轮胎踏板。

10. 轮胎绳索桥

在轮胎的胎面上对称打洞，用结实的绳子穿过孔洞，然后将两边绳子固定在双杠上或定制的牢固架子上，使轮胎面呈水平状且离地约30cm，这样就制成了轮胎绳索桥。

11. 雪橇

在轮胎一侧系一根长绳，一人坐或蹲在轮胎上，用手握住绳子，一人或多人在前面拉，即做成一个雪橇，适宜在冰雪或光滑场地进行游戏。

12. 平衡桥

将若干个轮胎埋于地面（一般轮胎约 1/3 埋进地下），并摆放成同一高度或不同高度，连在一起摆放或间隔适宜距离摆放，做成一个平衡桥。学生依次从轮胎上面走过，锻炼学生的平衡能力。

13. 轮胎隧道

将若干个轮胎相隔 10 ～ 50cm 放置在水平架子上或固定在地面上，轮胎中空形成一条长隧道，学生可从隧道内攀爬通过。（图 33-7）

图 33-7

（二）辅助教学功能

1. 图形跑

将轮胎摆成各种图形，学生进行跑、跳、绕、钻、爬等练习。

2. 跳远

将轮胎放在踏跳区，要求学生在圈内起跳，提高踏跳的准确性；也可在踏跳板前一定距离竖立一个轮胎，要求学生跳过轮胎，增加起跳高度；还可在沙坑内放一个轮胎，要求学生落在圈内，引导学生在落地时双脚积极前伸。

3. 作标志圈

将轮胎平放在地面上，当作投准的标志圈。也可进行拓展，将多个大小不同的轮胎以同心圆的方式平放在地面上，不同的圆代表不同的分值，增加游戏的趣味性。

4. 作限制圈

将若干个轮胎按不同的高度吊成一排，要求学生将物品从圈中穿过，使学生改善出手角度、方向，提高投掷的准确性，激发学生的练习兴趣。

5. 辅助鱼跃前滚翻

根据学生能力，选择适宜大小的轮胎放在垫子前面，学生站在轮胎后面进行鱼跃前滚翻练习，要求学生越过轮胎；也可以将轮胎放于学生前方一定高度，要求学生从轮胎中间穿越，以增加腾越高度，提高动作质量。

6. 作防守人

将轮胎立放作防守人，用来练习篮球急停、转身、变向运球过人等技术动作。

7. 作标志物

将轮胎立放或平放作标志物，用于各种比赛或游戏，也可用于篮球、足球的绕杆运球。

8. 篮球限制运球

将一个或多个轮胎平放，学生在轮胎的圈中运球（图33-8），要求篮球的落点必须在轮胎的圈里。可先在一个轮胎里原地运球，熟练后进行多个轮胎的行进间运球。

9. 作固定球

在初学足球时，用轮胎代替足球，学生 3 ~ 4 人围着轮胎进行踩球、脚内侧踢球（图33-9）、正脚背踢球等动作练习，感受正确的触球部位。

图 33-8

图 33-9

（三）发展力量素质

1. 负重体转

学生两脚开立，两膝微屈，两手抓握轮胎置于胸前或前举，然后尽量向身体一侧转体至最大限度后，向另一侧转体，左右交替进行，如此反复若干次。

2. 负重鸭子步

学生手持轮胎上举过头顶或将轮胎套在腰上，下蹲后两脚交替向前行走。

3. 负重蛙跳

学生手持轮胎上举过头顶或将轮胎套在腰上，以蛙跳的动作负重前行。

4. 轮胎推行

学生两手扶着一个平放的轮胎，两脚交替蹬地推动轮胎前行，可进行练习或比赛，锻炼腿部和腰部力量。（图33-10）

5. 高（低）姿俯卧撑

将轮胎平放到地上，学生两手支撑在轮胎上进行高姿俯卧撑练习，也可将两脚放在轮胎上进行低姿俯卧撑练习。（图33-11）

6. 负重蹲起

若干名学生将一个大轮胎抬起，然后一起做蹲起练习。（图33-12）

图33-10   图33-11   图33-12

7. 负重跑

学生将轮胎套在腰上，两手抓扶轮胎两侧，进行一定距离的负重跑练习或比赛。（图33-13）

8. 抬轮胎

若干名学生将一个大轮胎抬起，齐心协力将轮胎搬运到指定位置。（图33-14）

图 33-13 图 33-14

（四）发展协调灵敏素质

1.单双脚跳

把若干个轮胎间隔一定距离平放在地面上，学生利用轮胎进行双脚并跳（图 33-15）或连续跨跳（图 33-16）练习。在练习时，要求腿脚不能触碰到轮胎。

图 33-15 图 33-16 图 33-17

2.交换跳

若干名学生围站于轮胎外侧，一脚踏在轮胎上。发令后，双脚交换跳踩轮胎，在规定时间内看谁跳的次数多。（图 33-17）

3.开合跳

用轮胎做呼啦圈，学生进行开合跳练习，发展上下肢协调能力。（图 33-18）

图 33-18

4.滚轮胎

学生站在轮胎后方或者侧方滚动轮胎前行至终点返回，发展上下肢协调能力。（图 33-19）

（五）发展速度素质

1.步频、步幅练习

将若干个轮胎按照一定距离摆放，学生依次踩着

图 33-19

每个轮胎中空处进行步频（图 33-20）、步幅（图 33-21）练习。

图 33-20　　　　　　　　　　图 33-21

2. 阻力跑

学生两人一组，一人将洗净的轮胎（如自行车外胎）套在腹部向前跑，另一人在其身后两手紧紧抓握轮胎，适当给予练习者阻力。

3. 拖轮胎跑

学生用拉带将轮胎固定于腰间，进行跑步练习。

（图 33-22）

图 33-22

（六）在体育游戏中的运用

1. 互抛互接

学生两人一组，站在相距 4 ~ 5m 的平行线后，进行轮胎（选择较轻的轮胎，如自行车外胎）的一抛一接练习，轮胎掉地为失败。

2. 你来我往

将轮胎放置在中线上，两人面对面双手俯撑在轮胎上。发令后，两人用力向对方场地推动轮胎，将轮胎推过中线到对方场地者获胜。

3. 角力平衡

两人面对面站在一个轮胎上面，互推对方手掌，使对方失去平衡掉下轮胎为胜。在互推中可采用假动作，但不可推对方身体其他部位。（图 33-23）

图 33-23

4. 抢夺轮胎

两人面对面站立拽住轮胎，听到哨声后，同时发力，以把轮胎抢到己方场地为胜。（图 33-24）

5. 翻转轮胎

学生将轮胎提起翻转 180° 并依次循环，在规定时间内看谁翻转的次数多；也可以翻转轮胎通过规定的距离，看谁先到终点。（图 33-25）

6. 轮胎接力

学生均分成若干组，成纵队站于起点线后，人手一个轮胎。发令后，每组学生轮流出发，第一轮将轮胎套在本组的标志筒上，第二轮取回轮胎，看哪组最先完成。（图 33-26）

图 33-24　　　　　图 33-25　　　　　图 33-26

建议：可以将轮胎作为接力棒进行比赛，也可以接力拼轮胎图形。

7. 跳越乾坤

学生均分成若干组，成纵队站立，排头和排尾学生面对面相距 10m 站立滚接轮胎，其余学生在中间进行跳跃练习。游戏开始后，排头学生往前滚动轮胎，中间学生快速分腿起跳，使轮胎从自己胯下滚过，排尾学生在接住轮胎后迅速将其滚回，看哪组先完成规定的往返传递次数；也可采用接力方式，一人滚轮胎，其余人成纵队跳轮胎，当最后一人跳过轮胎后，接住轮胎马上跑到队伍前面做滚轮胎人，原滚轮胎人做排头，以此类推，直到所有人做过一次滚轮胎人为止。（图 33-27）

图 33-27

8. 抛轮胎

学生手抓一个轮胎用力向前抛出，看谁抛得远，可以尝试各种大小的轮胎。（图33-28）

9. 踏石过河

在平坦场地上画两条相距一定距离的平行线作河岸，学生均分成若干组，每组学生轮流出发，用两个轮胎作石头交替向前过河。要求学生的双脚必须踩在轮胎里，直到最后一人完成上岸为止，以用时少的组为胜。（图33-29）

图 33-28

图 33-29

三十四、鼠标垫在体育教学中的运用

鼠标垫是我们现代办公的必备物品之一。大多数鼠标垫为橡胶或布料材质，具有薄、轻、软的特点，一般长为 25cm ~ 35cm、宽为 20cm ~ 28cm，其表面纹理的摩擦力较大，便于鼠标移动和定位，而且价格低廉，便于携带，把鼠标垫运用于体育教学中，也能带来很多意想不到的效果。

（一）自身功能的开发

1. 作平面标志物

将鼠标垫放置在地面上，可作为队列站位、分组练习、蛇形跑、曲线跑、折返跑、足球定点发球等的标志物。

2. 作软式飞盘

将鼠标垫当作软式飞盘，学生手拿鼠标垫边角，上臂带动前臂向外侧甩动，使鼠标垫朝同伴位置顺势飞行，同伴在空中接住鼠标垫。

建议：为了让鼠标垫在空中能更好地旋转飞行，可以将鼠标垫剪成圆形。

3. 作软式接力棒

将两块鼠标垫沿纵向卷成圆柱状，然后在外面缠绕上胶带或扎上橡皮圈，做成一根软式接力棒，用于各种接力比赛或游戏。（图 34-1）

图 34-1

4. 作数字标志盘

用排笔将红、黄油漆与石膏粉搅拌均匀后，在鼠标垫的正面刷写数字（图 34-2），晾干后即为数字标志盘，可用于教学分组或游戏。根据教学需要，可以将一块鼠标垫剪成大小相同的若干块，以提高鼠标垫的利用率。

图 34-2

5. 作目标物

在投准教学中，将鼠标垫放置在一定距离处作目标物，学生对着目标物进行投准游戏。

（二）在辅助教学中的运用

1. 步频、步幅练习

将若干块鼠标垫间隔一定距离成纵排摆放，学生踩着鼠标垫进行步频、步幅练习。

2. 移动触点

将鼠标垫根据需要放置在相应位置上，学生进行左右、前后、侧向、米字等各种步伐移动练习，结合练习目的可要求手或脚触及鼠标垫。

3. 前滚翻夹物

在前滚翻教学中，为了更好地体验低头含胸、团身动作，学生可将鼠标垫夹于下巴、两腿、腹部之间进行前滚翻练习。

4. 跳跃测量

在立定跳远中，为了及时知道自己每次跳跃的成绩，可将若干块鼠标垫分别放在不同远度的直线上，学生在立定跳远落地后，能通过鼠标垫摆放的距离来判断自身的成绩。根据不同跳跃远度的需要，随时调整鼠标垫位置。

（三）在体育游戏中的运用

1. 快速翻牌

在室外玩翻扑克牌游戏，遇到大风会将扑克牌吹飞，我们可以在鼠标垫背面贴上相应数字的扑克牌倒扣（数字朝下）于终点。游戏开始后，每组学生轮流出发，跑至终点翻转一张鼠标垫，按照数字从 A ~ 10 翻牌（图 34-3），如翻到所需要的

图 34-3

数字，则将数字朝上摆放并迅速返回；若未翻到所需要的数字，则将数字扣回原样并迅速返回，直到将鼠标垫按数字顺序连续打开为止，以用时最少的组为胜。

建议：为避免扑克牌脱落，也可以直接用数字鼠标垫进行本游戏。

2. 挖地雷

学生均分成若干组，每组成纵队站在起点线后。游戏开始后，排头学生迅速跑向终点翻鼠标垫，若翻到数字鼠标垫，迅速返回与下一名学生接力，若翻到地雷，则需要原地做 5 次深蹲或俯卧撑后再返回接力，看哪组学生先完成翻开全部数字的任务。（图 34-4）

图 34-4

3. 快速取号

学生均分成若干组，每组成纵队站在起点线后，在终点放置与小组人数相同的鼠标垫，在鼠标垫上用记号笔写上连续的数字。游戏开始后，第一名学生迅速跑向终点取 1 号鼠标垫，然后与第二名学生击掌接力，第二名学生取 2 号鼠标垫，以此类推，先完成的组获胜。要求学生要按照数字顺序取鼠标垫，不得错取、漏取，否则要送回再继续游戏。（图 34-5）

图 34-5

4. 运输工具

学生两人一组，分别握住鼠标垫的两个角站在起点线后。游戏开始后，每组把乒乓球放于鼠标垫上面，运送至终点，先完成的组获胜。若途中乒乓球掉落，则须捡起乒乓球回到落地处重新出发。

5. 踏垫过河

学生均分成若干组，每组成纵队站在起点线后。游戏开始后，排头学生用 2 块或 3 块鼠标垫交替向前移行，要求脚必须踏在垫子上，到终点绕过标志点后返回，与下一名学生接力，先完成的组获胜。

6. 手脚并用

鼠标垫正面代表手按压垫，背面代表脚踩踏垫。根据设计将若干块鼠标垫分别正、反面朝上摆放成直线，如 1 正 2 反、1 正 1 反等。学生按照摆放的组合数量快速做出正确的动作，动作正确且用时少者获胜。

7. 托盘相传

学生均分成若干组，每组成纵队站立。游戏开始后，每组第一名学生右手托起鼠标垫在原地转一圈后，面向后面同伴，掌心相对将鼠标垫传递给下一名学生，以此类推，先完成的组获胜。在传递过程中，鼠标垫不得落地，学生不得用另一只手扶，如有违规者，惩罚原地深蹲跳 5 次再继续游戏。

8. 抢车位

将鼠标垫（比学生人数少一块）以适当间隔摆成圆圈，学生在圆圈外面沿逆时针方向跑动，听到信号后，每人迅速脚踩一块鼠标垫，没踩到者表演节目或做若干个体能练习。

建议：可 2 ~ 3 人踩一块鼠标垫，类似于喊数抱团游戏。

三十五、袜子在体育教学中的运用

袜子是一种穿在脚上的服饰用品，起着保护脚、防脚臭、保暖等作用。袜子由袜口、袜筒和袜脚等组成。袜子按原料分有棉纱袜、毛袜、丝袜和各类化纤袜等，按袜筒的长短分有连裤袜、长筒袜、中筒袜、短筒袜、船袜等。袜子具有携带方便、安全实用等特点。我们可以对袜子（家里洗净的淘汰袜子或购买的新袜子）进行开发，并运用于体育教学中，形成多样化的练习形式，使学生对练习产生浓厚兴趣。

（一）自身功能的开发

1. 作投掷物

将多只袜子卷成团状或在袜子中放置适宜重量的物体（如稻谷壳、荞麦、豆粒、纸团、旧袜等），然后扎紧袜口，制作成沙包，用于轻物掷远、掷准等练习。（图 35-1）

图 35-1

2. 作接力物

用袜子代替接力棒进行各种接力比赛，也可用作春播秋收、移位换物等比赛的传递物。

3. 作链球

在长筒袜底部放置一个纸球或荞麦沙包并固定，制成一个简易链球，学生手持长筒袜上端进行投掷链球的练习。

4. 作健身带

选取回弹性较好的袜子，学生双手各握袜子一端，进行类似弹力带的抗阻或拉伸等练习。（图 35-2）

图 35-2

5. 作摸高物

将若干只袜子悬挂在一定高度的横绳上，学生用不同方式起跳抓袜子，锻炼弹跳能力。

6. 作流星球

在长筒袜底部放置一个垒球或沙包并固定，制成一个简易流星球，学生手持长筒袜上端或球头，用于各种流星球的游戏。（图 35-3）

图 35-3

7. 作小足球

将若干只袜子打结成团状作软式小足球，设置两个小球门，学生 2 ~ 5 人一组，两两对抗，进行小场地的踢球游戏或比赛。也可以一方相互传接，另一方抢断，规定时间后双方交换，最后看哪方传接次数多。

8. 作护腕

将淘汰的旧长筒袜或中筒袜的袜脚剪掉，留取袜筒作护腕，套在手腕上，用于排球垫球或武术教学。

9. 作绑腿带

将淘汰的旧长筒袜作绑腿带，用于两人三足、三人四足等 N 人 N+1 足的集体游戏。（图 35-4）

10. 作毽球

选用 1 ~ 2 只袜子，将袜脚卷至袜口，袜口由内向外翻卷形成团状，用于单人或多人的踢毽球游戏。（图 35-5）

图 35-4　　　　图 35-5

（二）在体育游戏中的运用

1. 抛袜子

将两只袜子卷成团，单人进行左右手互抛练习或两人进行固定距离对抛练习。

2. 抓尾巴

利用长筒袜代替小尾巴，夹在后腰裤上进行抓尾巴游戏。

3. 钓鱼

将一堆袜子漂于水盆中，学生用衣架或钩子慢慢勾起袜子，每次只能勾一只袜子，规定时间内看谁勾得多。

4. 平衡行走

将袜子连成一条线摆放，学生踩着袜子行走并保持平衡，不得踩其他空处。此游戏适合低年级学生。（图35-6）

图 35-6

5. 脚趾夹袜

将若干只袜子放在指定区域，学生用脚趾夹袜子，夹取数量多者胜；可组织小组接力比赛。

6. 蚂蚁运粮

学生手脚仰撑在地上，将一个袜团放在腹部，然后手脚交替向前、后、左、右爬行，在袜团不掉落的情况下，看谁爬得稳、爬得快；可组织小组接力比赛，看哪组用时少。

7. 金鸡独立

学生将一只袜子折成7cm长放在一只脚的脚背上，然后将放有袜子的腿屈膝抬起做单腿平衡，要求大腿抬平，小腿自然下垂，脚尖上翘，在袜子不掉落的情况下，看谁坚持时间长。（图35-7）

图 35-7

建议：可要求学生将抬起腿伸直，以增加挑战难度。

8. 夹袜抛远

学生用双脚夹住一个袜团，用力跳起，将袜团向前抛出，看谁抛得远；也可以双脚夹住袜团，然后向上跳起抬腿，将袜团上抛，用手接住，看谁先完成规定的次数。

9. 眼疾手快

学生两人一组，将袜子放置于两人中间，两人面对面相隔适当距离站立或坐下，根据指令内容做出相应的动作（如摸头、摸肩膀等），当听到"抢袜子"时，双方立即抢夺中间的袜子，未抢到袜子者做相应的体能练习。

10. 我来猜

学生 3～6 人一组，一人当猜者，其余人当藏者讨论将袜子藏在谁的身上，讨论时猜者背对藏者。藏者准备好（袜子须藏在上衣口袋或裤兜中）后，猜者通过提问或肢体动作，观察藏者的言行来判断袜子在谁身上，但猜者不得与藏者发生肢体接触。猜者只能猜一次，若猜对，藏者集体做体能练习；反之，由猜者做体能练习。

三十六、书包在体育教学中的运用

　　书包是指用布、皮革等制成的袋子。书包的款式多样且面料种类繁多，有帆布、PU、涤纶、尼龙、棉布等。当前，中小学生的书包以双肩包（背包）为主，书包尺寸大小可根据使用者需求进行购买。书包作为学生必备的日常工具，一般用来携带课本、文具等物品。若能在体育教学中对书包加以巧妙运用，并结合学生力量的大小酌情调整书包的重量，会收到意想不到的教学效果。

（一）自身功能的开发

1. 作哑铃

　　（1）上肢力量练习。

　　学生双手或单手抓握书包进行肩上举（图36-1）、前平举、侧平举、单臂划船、站姿臂弯举、悬挂引体向上（类似沙背心）等上肢力量练习。

　　（2）下肢力量练习。

　　学生双手抓握书包做半蹲（图36-2）、深蹲、全蹲、半蹲跳、深蹲跳、箭步蹲、俯身腿弯举、负重前抬或侧抬腿、箭步转体、腿屈伸等下肢力量练习。

图 36-1　　　　　　　　图 36-2

　　（3）核心力量练习。

　　学生可以双手抓握书包做仰卧起坐（图36-3）、卷腹、V字支撑转体，也可以将书包夹在两脚间做仰卧举腿或负重端腹，还可以将书包背起做负重直臂平板支撑（图36-4）或曲臂平板支撑等核心力量练习。

图 36-3　　　　　　　　图 36-4

2. 作障碍物

（1）单个书包跳跃。

将一个书包放于地面，学生采用单脚或双脚进行前后或左右跳跃过书包的练习。

（2）多个书包连续跳跃。

学生均分成若干组，站在起点线后。将若干个书包间隔一定距离平放（立放）在每组前面的场地上。发令后，每组学生轮流出发，采用跑步跨越（单脚跳或双脚跳）全部书包后，直线返回起点线进行接

图 36-5

力，直到最后一人完成为止，先完成的组获胜。（图 36-5）

建议：可以将书包叠放，以增加高度和宽度。

（3）书包障碍墙。

可以将若干个书包并排立放，也可以将下面书包平放，上面书包立放，形成一面书包障碍墙，学生进行跨越过障碍练习。

3. 作标志物

（1）作蛇形跑标志物。

学生均分成若干组，每组学生站在起点线后，前面放置若干个书包间隔一定距离。发令后，每组学生轮流出发，以"S"形跑过每个书包，再直线返回，直到最后一人返回为止，先完成的组获胜。

建议：练习前，教师要提醒学生注意脚下的书包，防止摔倒；书包的间距可以根据学生跑的能力适当增加或缩减。

（2）作往返跑标志物。

将书包间隔20m摆放作为起点和终点，学生从起点出发绕过终点的书包跑回，进行规定时间的往返跑。

（3）作足球门。

将两个书包间隔1m摆放当作足球门（可根据需要随时调整足球门宽度），

可供学生进行射门练习或比赛。

（4）作投掷标志点。

在行进间投掷练习中，可以将书包摆在交叉步起始位置，在多次投掷步后，通过调整寻找最佳交叉步起始点。

（5）作跳远步点标志。

通过步点测量，将书包放置于起跳位置，通过多次跳动测量，寻找出较为合适的跳远步点。

（6）作跳高步点标志。

通过步点测量，将书包放置于起跳位置，通过多次跳动测量，寻找出较为合适的跳高步点。

4. 作负重书包

学生背负一定重量的书包，进行跑（图 36-6）或各种跳跃练习，也可进行足球运球和篮球运球等练习。

5. 作目标筐

将书包拉链打开，摆放在一定位置当作目标筐，将书本卷起支撑书包开口，学生进行投准练习。

图 36-6

6. 作跑道线

将若干个书包摆成跑道状，用于分道跑步；也可将书包摆放成弧线，学生尝试弯道跑练习。

（二）在体育游戏中的运用

1. 搬运书包

学生均分成若干组，成纵队站在起点线后，每人一个书包。发令后，每组学生轮流出发，第一轮跑至终点将书包放在终点线上，第二轮将书包取回，直到最后一人完成为止，看哪组先完成。
（图 36-7）

2. 翻来覆去

学生分成人数相等的甲、乙两组，迎
面站在各自的起点线后，在两组中点位置
放置若干个书包，一半正面朝上，一半背
面朝上。游戏开始后，甲、乙两组第一名

图 36-7

学生快速跑向中点翻书包（甲组学生把书包从背面朝上翻成正面朝上，乙组学生
把书包从正面朝上翻成背面朝上），然后快速跑回起点和第二名学生击掌，第二
名学生跑向中点翻书包，以此类推。在规定时间内，以正面（背面）朝上书包数
量多的组为胜。要求每人每次只能翻一个书包，书包横放在一条线上，避免学生
迎面跑时出现碰撞。

3. 负重蜘蛛爬行

学生手脚仰撑在地上，将一个书包放
在腹部，然后手脚交替向前、后、左、右
爬行，在书包不掉落的情况下，看谁爬得
稳、爬得快；可进行小组接力比赛。（图
36-8）

图 36-8

三十七、手机在体育教学中的运用

随着科技水平的不断提高，手机在我们的生活中扮演着重要角色。工信部公布的最新统计数据显示，截至 2024 年 6 月末，全国共有移动电话用户数 17.68 亿。有人称，手机已成为人类继衣、食、住、行之外的第五大需求。由于手机具有便于携带、功能强大等特点，加上体育学科实践性强的特点，体育教师可有的放矢、灵活机动地将手机运用于体育教学中，发挥手机自身的优势，提升其辅助教学的功能，提高教学效果。

（一）自身功能的开发

1.时钟功能

大部分体育教师上课时采用胸前挂秒表或戴手表的方法来记录上课的时间进程，这样不便于动作讲解与示范，且有一定的安全隐患，而把手机放置在口袋里，就不会出现此类状况。

2.秒表功能

手机的"时钟"工具中有"秒表"功能，可以精确地读数到百分之一秒，并有至少 100 计次，还会显示与上一计次的间隔时间，所有计次成绩均罗列在屏幕上方，可通过拖拉滑动进行查阅（具体视不同品牌手机而定）。

3.计时器功能

手机的"计时器"一般计时范围为 0 时 0 分 00 秒 ~ 23 时 59 分 59 秒，可以根据需要任意设置，能满足一般学校体育比赛倒计时的需要。在教学比赛或分组练习时，体育教师可以事先设置好时间，到比赛结束或分组轮换时，提示结束比赛或轮换分组教学内容。

4.计算器功能

在体育教学、比赛、学生体质健康测试中，需要统计相关的汇总成绩，体育教师可以借助手机的"计算器"进行快速、准确的运算。

5. 录像功能

（1）体育课堂教学录像。

在体育教学中，对一些视觉上难以捕捉的技术动作，尤其是腾空之后的一些技术细节，体育教师可利用手机的录像功能（特别是慢动作拍摄）和播放功能来进行技术辅助教学，让学生直观、清晰地知道自己的不足，这样既缓解了教师技评时只凭动作记忆来"空讲"的尴尬，也能让学生对动作的印象更具直观性。例如，立定跳远中的摆臂、起跳、腾空、落地动作，排球的垫、传球动作，蹲踞式起跑等动作。这些视频资料也可用于教师课后总结和交流。

（2）试讲录像。

模拟上课、说课是体育教师的一项基本功，也是一项专业技能，能检验体育教师的理论功底、教学实践能力以及综合素质。体育教师可利用手机的录像功能多次拍摄自己的各种试讲，通过视频回放清晰地看到自己在试讲中的面部表情、肢体动作、讲解示范、组织站位等，从而发现自身不足，及时做好调整，提升自己的试讲能力。

（3）运动会径赛冲刺录像。

在 60m、100m 等短距离基层竞赛中，用肉眼很难判定最终名次，终点裁判员的名次判定和计时员成绩往往存在偏差，利用手机的录像功能或慢动作拍摄功能，然后逐帧或慢镜头观看，即可准确地排出名次。（图 37-1）

图 37-1

（4）制作微课。

根据微课制作设计的需要，利用手机的拍照、录像和录音功能采集相关的微课素材，采用视频制作 App 就能制作微课。

（5）外出学习录像。

在外出培训或教研活动中，可利用手机的录像功能录一些精彩的课堂教学、专家讲座等的片段，以便于日后学习。

6. 拍照功能

体育教师可利用手机的拍照功能，记录在体育课堂教学或比赛中的精彩画面，留作班级宣传或激励学生进步的资料；也可以分享到家长群，以此加强教师和家长之间的情感联系，建立和谐、融洽的家校关系。

7. 短信（微信）功能

在体育教学中，体育教师可利用手机的短信（微信）功能进行信息传递，以便于及时和家长进行沟通和交流，促进家校合作。

8. 音乐播放功能

在教学需要播放音乐时，体育教师可借助手机的音乐播放功能，用手机蓝牙连接移动音箱，方便快捷。

9. 录音功能

（1）教学语言录音。

体育教师可利用手机的录音功能，录制必要的讲解、组织、点评语言，以便课后回放，了解自己语言的不足。当然，也可录制在教学过程中学生的回答，或师生互动问答，作为课后整理资料的依据。

（2）外出学习录音。

体育教师可利用手机的录音功能，记录讲座或教研活动的语音，便于日后消化学习；也可利用录音转文字功能，直接把语音转化为文字，方便记录讲座或教研内容。

（3）终点名次录音。

在学校运动会期间，对于容易分辨名次的径赛项目，如800m、1500m、3000m或越野跑，在运动员通过终点时，裁判员在报号码时，一边手动记录运动员名次顺序，一边使用手机的录音功能记录，等所有运动员到终点后将录音回放进行核对，方便快捷。

10. 直播功能

当前，各种线上教育发展迅速。根据需要，体育教师可利用手机的拍摄功能，

借助直播平台，随时进行课堂教学、教学研讨、讲座培训等直播活动。（图37-2）

11. 指南针功能

智能手机自带"指南针"功能，可用其开展校园定向、校外定向教学与比赛。

12. 监管体育作业功能

体育教师可借助手机中的微信、钉钉

图 37-2

等App，让学生上传运动场景的照片、视频、运动量等内容，完成体育作业的运动打卡。有的学校与企业合作开发了体育作业模块，极大地方便了学生运动视频的上传，也方便了体育教师的指导和评价。

13. 线上运动会

体育教师提前制订适宜的比赛方案（如线上运动会或挑战赛），通过钉钉、微信、QQ等App广发"邀请帖"，将比赛项目（个人或亲子项目）、规则、评比办法传达给学生和家长。学生先将完整的视频上传，学校再评出优胜选手。这既激发了学生运动的兴趣，又促进了亲子的情感交流（视频需要家长参与录制与裁判工作）。

14. 提醒功能

对于在学校体育或体育教学中的重要事项，如组织体育活动、某班下次课需要解决的问题等，体育教师通过提早进行备忘记录，并设定提醒时间和闹钟，就可以及时做好相应的准备。

15. 视频播放功能

体育教师可利用手机的视频播放功能，下载一些体育技术动作讲解示范的视频，利用小组学习或其他交流机会，播放相关的视频给学生看，让学生更为直观地掌握技术动作。目前，手机支持众多常见的视频格式，对于不支持的某种格式，也可以从网上下载播放插件，用于正常播放该格式的视频，或用转换专家软件转成手机支持播放的格式。

（二）手机在教学中的使用建议

（1）尽量选用具有以上功能的智能手机。

（2）上课前将手机调至静音或振动模式。

（3）课堂教学中禁止接听电话。

（4）最好将手机放在带有拉链的口袋里，这样可以防止手机从口袋内掉出。

（5）备好相关的数据线，如音频转换线等。

致读者

尊敬的读者，您好！

为了更好地服务于广大体育教师，我们后续将对这套丛书进行优化和完善，希望各位体育同人在参考本书及使用过程中，对存在的不足给予反馈，多提宝贵建议，更好地助力体育教育事业的发展。

您可通过以下方式联系我们（邮箱：87363752@qq.com，或关注快乐体育微信公众号），我们期待您的反馈。

快乐体育微信公众号
微信号：klty168